A.T. Mann

Das Wissen über Reinkarnation

A.T. Mann

Das Wissen über Reinkarnation

Was Mythen, Christentum, Buddhismus, Anthroposophie und heutige Naturwissenschaftler zur Wiedergeburt sagen

Deutsch von
Michael Windgassen

Zweitausendeins

1. Auflage, April 1997.
2. Auflage, Juni 1998.
Deutsche Erstausgabe.

Titel der englischen Originalausgabe »The Elements of Reincarnation«.
Erschienen 1995 bei Element Books Limited, Shaftesbury, England.

Lektorat Sonja Klug.
Umschlagentwurf Johannes Paus.
Umschlagabbildung und Zeichnung Max Fairbrother.
Satz und Herstellung
Dieter Kohler & Bernd Leberfinger, Nördlingen.
Schrift Janson Text.
Druck Wagner GmbH, Nördlingen.
Einband G. Lachenmaier, Reutlingen.
Printed in Germany.

Dieses Buch gibt es nur bei Zweitausendeins im Versand,
Postfach, D-60381 Frankfurt am Main, Telefon 01805-23 2001
oder 069-420 8000, Fax 01805-24 2001 oder 069-417 089. Ab August 1998:
Internet www.zweitausendeins.de, E-Mail info@zweitausendeins.de.
Oder in den Zweitausendeins-Läden in Berlin, Düsseldorf, Essen,
Frankfurt, Freiburg, Hamburg, Köln, Mannheim, München,
Nürnberg, Saarbrücken, Stuttgart.

In der Schweiz über buch 2000,
Postfach 89, CH-8910 Affoltern a. A.

ISBN 3-86150-225-9

Inhalt

Für meine früh verstorbenen Eltern
Alden Taylor Mann III (1918 bis 1943)
und
Clara Gebhard Wakeley (1920 bis 1960)

Dank an John Baldock
für sein sensibles, aufmerksames Lektorat
und für seine hilfreichen Vorschläge zu Inhalt
und Illustrationen.
Dank auch an meine Frau für ihre
Unterstützung und Inspiration.

Und so lang du das nicht hast,
Dieses: Stirb und werde!
Bist du nur ein trüber Gast
Auf der dunklen Erde.

Johann Wolfgang von Goethe

Einführung
Was ist Reinkarnation?

> Wenn aber beim Verlassen seines Körpers am Ende seines Lebens sein ganzes Denken auf ein anderes Wesen gerichtet ist, so geht er in dessen Wesenheit ein, was es auch sei, denn seine Natur wird gleich der Natur dieses Wesens.
>
> *Sri Krishna an Arjuna, Bhagavad Gita, viii, 6*

Reinkarnation ist die periodische Wiederkehr der Seele in einer Folge von jeweils anderen Körpern. Sie ist ein zentraler Grundsatz in vielen Weltreligionen, so im indischen Vedanta, dem ägyptischen Pharaonenkult, den griechischen und römischen Polytheismen, dem Buddhismus, Taoismus, Zoroastrismus, Sikhismus, Gnostizismus, Schamanismus, Sufismus sowie in indianischen, afrikanischen und vielen anderen Naturreligionen. Einen historisch bedeutenden Stellenwert nimmt Reinkarnation auch im Judentum, Christentum und Islam ein. Vieles spricht dafür, daß Reinkarnation ein buchstäblich weltumspannender Menschheitsglaube war, bevor der wissenschaftliche Materialismus vor rund 200 Jahren zunehmend an Einfluß gewann.

Reinkarnation und ihr karmischer Mechanismus bieten Antworten auf die Fragen nach einer natürlichen Moralität und dem Sinn des Lebens, Fragen, die alle größeren Weltreligionen und mystischen Philosophien aufwerfen, die in unserer Zeit aber leider kaum mehr gestellt werden.

Der Mechanismus der Reinkarnation hat immer wieder jene fasziniert, denen die Auffassung widerstrebt, daß die Existenz beschränkt ist auf den Ablauf eines Lebens. Haben wir schon einmal gelebt? Gibt es ein Leben nach dem Tod? Kann dieses Dasein wirklich alles gewesen sein? Wir sehnen uns danach, Jenseitiges in Erfahrung zu bringen, Erkenntnisse über unsere vorherigen Leben zu gewinnen, aus denen die uns bestimmenden Einflüsse ursprünglich herrühren, wie auch Erkenntnisse über zukünftige Leben, die Verständnis, Entschlußkraft und Erfüllung zu befördern vermögen. Vor allem hoffen wir, über Einsichten in unsere vergangenen und künftigen Leben an unserem gegenwärtigen Dasein auf Erden mehr Freude gewinnen zu können.

Was aber ist Reinkarnation, und was sind ihre Gesetze? Das Gesetz des Karma ist der universelle Prozeß von Ursache und Wirkung, der Reinkarnation und Seelenwanderung beherrscht. Nach karmischer Sichtweise ist die Art, in der wir leben, Resultat unserer Handlungen aus vergangenen Existenzen und darüber hinaus bestimmend für die Qualität unserer zukünftigen Reinkarnationen in anderen Körpern zu anderen Zeiten. Psychische Spuren aus unseren voraufgegangenen Existenzen und ihren unvollkommenen Taten werden durch unsere Seele an uns weitergereicht und manifestieren sich als physisches, mentales, emotionales und spirituelles Erbe, das wir mit unserer Geburt antreten.

Nach unserem Tod wird die Art unserer Lebensführung durch unsere Seele auf nachfolgende Reinkarnationen übertragen und zum prägenden Wesensmerkmal jener Aufgaben, die sich uns in unserem neuen Leben stellen. Indem wir die Wirklichkeit akzeptieren, übernehmen wir Verantwortung sowohl für unsere Taten und deren Auswirkungen in diesem Leben als auch für die Entlastung von den Bürden, die wir in früheren Leben auf uns geladen haben.

In der östlichen Religionsphilosophie wird der endlose Zyklus von Geburt, Tod und Wiedergeburt als *Samsara* bezeichnet und in Form eines Rades bildlich dargestellt (siehe Abb. 1). Die Befreiung daraus ist Erlösung, der Zustand ewigen Glücks, der die von allem Verlangen geläuterte Seele aus der ewigen Wanderschaft in der materiellen Welt enthebt. In der modernen Kultur des Westens hingegen trachtet das Individuum nach ewiger Jugend und Unsterblichkeit. Dies macht den grundlegenden Unterschied zwischen den religiösen Traditionen und Philosophien von Ost und West aus: Dort gilt es, Lebensprozesse in der Zeit zu erfahren und zu verstehen, während hier versucht wird, Zeit zu überwinden.

Im Zuge moderner ökologischer und spiritueller Paradigmen gewinnt aber auch im Westen die Vorstellung der Reinkarnation an Bedeutung zurück. Warum sollte die Umwelt für die Zukunft bewahrt werden, wenn wir nicht reinkarnieren? Kommt es aber dazu, so ist dringend geboten, daß wir für unser Leben neue Prioritäten setzen. Mit der Erforschung der Reinkarnation werden wir ein tieferes Verständnis der Bedeutungen unserer eigenen Verhaltensweisen und Glaubensvorstellungen im Hinblick auf die Welt und unsere Zukunft darin gewinnen.

Das Phänomen des Todes und sein Bezug zur Geistwelt beschäftigt die Menschheit, so lange es sie gibt. Die ältesten

Zeugnisse menschlicher Kulturen sind Grabbeigaben: Edelsteine, Werkzeuge und Nahrungsmittel, die auf ein Leben nach dem Tod vorbereiten. Auch heute noch bestatten wir unsere Verstorbenen in aufwendig hergestellten Särgen. Manche erwägen die Möglichkeiten einer kältetechnischen Konservierung des Körpers. Die gentechnische Forschung versucht, den Geheimnissen des ewigen Lebens auf die Spur zu kommen. Das Mysterium des Lebens wird die Menschheit immer beschäftigen.

Viele einflußreiche Autoren, Wissenschaftler, Doktoren, Professoren, Psychologen, Poeten, Politiker und dergleichen

Abbildung 1: Rad der Wiedergeburten *(Samsara)*

mehr haben an die Reinkarnation geglaubt. Ihre Aussagen darüber sind für uns von großem Wert, nicht zuletzt gerade deshalb, weil sie oft auf subtile Weise in ihr Werk eingebunden und nur durch gründliche Studien ihrer jeweiligen Weltanschauungen aufzudecken sind. Platon, Pythagoras, Ovid, Plotin, Dante, Paracelsus, Kant, Goethe, Schopenhauer, Swedenborg, Blake, Schiller, Franklin, Emerson, Thoreau, Whitman, Nietzsche, Jung – um nur einige wenige zu nennen – haben erkannt, daß der Grundsatz der Reinkarnation für ihr Denken von zentraler Bedeutung ist.

Das Meinungsforschungsinstitut Gallup und Proctor fand in einer 1969 durchgeführten und zwölf Nationen umfassenden Umfrage heraus, daß in den USA, in Kanada und europäischen Ländern wie Großbritannien, Deutschland, Italien und Frankreich zwischen 18 und 25 Prozent aller Protestanten und Katholiken die Vorstellung der Wiedergeburt akzeptieren (und damit der Lehrmeinung ihrer Konfession widersprechen)[1]. 1981 ergab eine weitere Umfrage zum Thema Religion, daß sich 38 Millionen Amerikaner, also fast ein Viertel der Gesamtbevölkerung, zum Glauben an die Reinkarnation bekennen. Es wird deutlich, daß die Vorstellung von der Reinkarnation in den Mittelpunkt unserer Sinnsuche rückt, während sich unsere moderne Weltsicht zunehmend als untauglich erweist. Die Reinkarnationsvorstellung ist von fundamentaler Bedeutung, und darum gilt es, sie zu verstehen.

Im vorliegenden Buch will ich den historischen Ursprüngen des Reinkarnationsglaubens nachgehen und sie lebendig werden lassen durch Mythen, Geschichten, Legenden und Sagen, die die Grundlage unserer kollektiven Weltkultur

[1] Gallup and Proctor, *Adventures in Immortality*, S. 487.

bilden. Über die historischen Fakten hinaus sollen unsere modernen Einstellungen zu diesen Ursprungsmythen erforscht werden, Einstellungen, wie sie in der Therapie der Rückführung oder auch in der jüngst von Physikern vorgenommenen provozierenden Suche nach der Seele des Universums zum Tragen kommen.

1
Die Entdeckung der Seele

Die ersten Menschen wanderten über die Erde und beobachteten voller Furcht und Staunen die Bewegungen der Himmelskörper, den Wechsel der Jahreszeiten, das Entstehen und Vergehen in der Natur sowie Geburt und Tod der eigenen Art. In den Jahrtausenden ihrer allmählichen Bewußtwerdung machten sich die Menschen auf mystische Weise mit ihrer Welt vertraut. Sie bewohnten mit den Tieren einen Garten Eden, doch das Leben war ein Kampf um Selbstbehauptung.

Die Rätsel um Leben und Tod beherrschten ihr Dasein. Sie wußten nicht, woher sie kamen, und hatten, abgesehen von der Beobachtung der Geburt aus dem Mutterleib, keine Erklärung für das Entstehen von Leben. Es blieb ihnen nichts anderes übrig, als jene mysteriösen Kräfte anzubeten, die allem Anschein nach ihre Welt organisierten und regierten. Der einzige erkennbare Sinn lag gewiß im Überleben. Diese frühen Menschen hatten keine Vorstellung von der Evolution, wie wir sie kennen; für sie zählte nur das Festhalten am Dasein. Obwohl sie ganz und gar aufgingen in ihrer Welt und in der Notwendigkeit, sich den Gegebenheiten anzupassen, spürten sie wohl doch, daß sie anders waren als die Tiere. Vielleicht empfanden sie sich auch als verwundbare Eindringlinge in der Welt der Tiere, der Totems und der Götter, die über Sonne, Mond, Donner, Wasser, Feuer und Erde walteten. Gleichfalls fehlte ihnen ein Begriff von Individualität. In ihren Sippenverbänden konnten kaum unmittelbar persönliche Partnerschaften entstehen; das soziale Leben war diktiert vom Kampf um die Erlangung und Sicherung von Vorherrschaft. Es überlebten nur die Tüchtigsten; Stärke dominierte über alle anderen Qualitäten.

Allen aber war klar, daß ein jeder irgendwann einmal würde sterben müssen. Dieser von einem auf den anderen Moment eintretende Tod war das erste und größte Geheimnis jener im wesentlichen magischen Welt, und die ältesten Artefakte der frühen Menschheit, die 50000 Jahre und mehr zurückdatieren, beweisen, daß die damaligen Menschen dem Tod größte Aufmerksamkeit und Ehrerbietung entgegenbrachten. Einige der ältesten Spuren menschlicher Kultur sind Gräber, in denen verstorbene Anführer mit Sand, Blumenblüten, Waffen, Kleidern und rituellen Beigaben bestattet wurden. Die Bemalung der Toten mit Lehmfarben und ihre Ausstattung mit Jagdwerkzeugen zur Nahrungsbeschaffung im Jenseits gehörten zu den ersten rituellen Handlungen, mit denen sich die Menschheit aus der animalistischen und animistischen Welt herauslöste. Diese Sorge um den menschlichen Geist zeugt vom Glauben an ein Weiterleben, sei es in einer spirituellen oder als Neugeburt in der realen Welt.

Primitive Vorstellungen von der Seele

Nach frühem Glauben war die Seele eine beschützende Begleiterin des individuellen Lebens. Weil der Mensch mit dem Tod aufhört zu atmen, war es natürlich, die Seele mit dem Atem zu vergleichen. Das lateinische Wort *anima* bedeutet zugleich »Seele« und »Hauch«. Beides klingt auch heute noch in der Verwendung abgeleiteter Begriffe wie »Animieren« an, bildlich vorgestellt als »Einhauchen von Leben«. Die Seele wurde verstanden als Abbild einer Person, als passiver Gegenpart, der sich bei der Geburt absondert, die Person aber Zeit ihres Lebens begleitet und sich im Tod wieder mit ihr vereint. So konnte die Seele begriffen werden als göttlicher Anteil am irdischen Dasein. Immer wieder gab es Versuche, sie zu lokalisieren.

Man stellte sich vor, daß sie das Individuum als Aura umgibt, als Schatten oder Reflexion; manche wähnten sie in Körperteilen wie dem Penis oder den weiblichen Fortpflanzungsorganen, in der Samenflüssigkeit oder den Menstruationsausscheidungen.[1]

Natürlicherweise suchten Menschen zu allen Zeiten nach Erklärungen für das, was beim Eintritt des Todes geschieht. Das beobachtbare, gleichwohl mysteriöse Versiegen der Lebenskraft wurde in manchen Kulturen bildlich zurückgeführt auf die Vorstellung von einer Motte, einem Schmetterling oder einem ähnlich ätherischen Wesen, das den sterbenden Körper verläßt und einer spirituellen Welt entgegenfliegt. In Neuguinea entwickelte sich der Glaube, wenn der Tod naht, schrumpfe die Lebensessenz oder Seele, um durch den Mund entweichen zu können. Die Seele mußte schließlich den

[1] Róheim, *Animism, Magic and the Divine King*, S. 19.

sterbenden Körper irgendwo verlassen, und welcher natürliche Ort lag näher als der Mund? Das Röcheln des Sterbenden unterstützte diese Annahme.

Schlangen als Hinweis auf Wiedergeburt

Eine andere weitverbreitete Glaubensvorstellung sah die Seele als eine Schlange aus dem verwesenden Leichnam heraustreten. Der reale Hintergrund dafür mag die Beobachtung gewesen sein, daß an der Verwesung Würmer beteiligt sind. So erklärt sich wohl auch die Weitläufigkeit dieser Vorstellung. Allerdings gilt die Schlange auch als ein Symbol sexueller Lebenskraft *(Kundalini)*, die gleichfalls den körperlichen Tod überdauert. Nach einer in Australasien verbreiteten Überzeugung verwandeln sich ausschließlich Medizinmänner nach ihrem Tod in Schlangen; in anderen Kulturen jedoch herrscht die Auffassung vor, daß jeder Tod eine solche Transformation in eine Schlange oder einen Wurm nach sich zieht.

Schlangen jeglicher Art sind mit dem Mysterium der Seele identifiziert worden; darum wurden sie wie auch Echsen und andere Reptilien als machtvolle Totengötter verehrt, denen man starke, mystische Kräfte nachsagte. Darüber hinaus war die Schlange ein Symbol der Sexualität, da sie in ihrer Gestalt an einen Penis erinnern mag, sich in Erdlöcher verkriecht oder in Wassertiefen abtaucht – beides bildliche Entsprechungen des weiblichen Geschlechtsorgans. Insofern wurde die Schlange als Zwitterwesen gesehen, das beide Geschlechter in sich vereint.

Für das afrikanische Volk der Meithei Raya war die Schlange externe Seele und zugleich Ahnin der königlichen

Familie. In den Riten dieses Stammes hatte sie einen festen Platz als Segensspenderin für ihre menschlichen Nachkommen. Wenn die für den Ritus gehaltene Schlange starb, stand zu befürchten, daß auch der Tod des Häuptlings zu erwarten und der gesamte Stamm bedroht sei, da, wie man glaubte, mit der Schlange auch die Fruchtbarkeit und sexuelle Energie der Stammesmitglieder gestorben war.[2]

Bäume wurden ebenfalls mit Leben und Tod identifiziert. Aus mythischer Sicht stand der Baum im Mittelpunkt der Welt, denn er wurzelt im Erdreich, während seine Zweige in den Himmel ragen. Darum galt er als Brücke, auf der die Seele zwischen irdischen und himmlischen Welten passieren konnte. Der Bezug ist sinnfällig.

Die westafrikanischen Tami stellten sich einen Weltenbaum wie den Banyanbaum vor, auf dem sich menschliche Seelen wie Vögel niederlassen. Sie glaubten, sooft ein Mensch geboren werde, schlage ein neues Blatt an diesem Baum aus, und es bliebe dort, bis er sterbe und es herunterfiele. Jeder Zweig mit seinen Blättern entsprach einem Stamm und seinen Mitgliedern. Tod war gleichbedeutend mit dem Herabfallen eines Blattes vom Baum und Krankheit mit dem Welken eines Blattes. Von den Seelenvögeln hieß es, daß sie, wenn die Zeit für den einzelnen gekommen war, dessen Blatt abpickten und in die Welt der Geister trugen.

In Europa wurde die Seele häufig gleichgesetzt mit dem Atemhauch, den Wolken am Himmel oder fliegenden Vögeln, was bis heute in manchen regionalen Gebräuchen zum Ausdruck kommt. So ist es vor allem in Schottland, aber auch anderswo nach wie vor Brauch, das Fenster eines Sterbezimmers zu öffnen, um die befreite Seele entweichen und

[2] ebd., S. 17.

in die Unterwelt oder den Himmel fliehen zu lassen. Die Bewohner Tirols wähnten die Seele durch den Mund entweichen und als Wolken über den Himmel ziehen; die Ungarn sahen sie als Tauben davonfliegen. Mancherorts wurde sogar das Totenbett angeflämmt, um Rauch entstehen zu lassen, auf daß sich die Seele damit verflüchtige.

Nach Auffassung vieler geht die Seele im Traum auf Wanderschaft, um Abenteuer zu erleben oder um Vergangenes zu bewältigen. Brasilianische Indianer zum Beispiel glauben, daß die Seele unterwegs ist zum Fischefangen oder zur Jagd im Wald, während der Körper schlafend in der Hängematte liegt. Die oft enge Verbindung zwischen Traumbildern und realen Erfahrungen legt die Vermutung nahe, daß Wachbewußtsein und Unterbewußtsein nur graduell voneinander unterschieden sind.

Wer die Seele im Schlaf auf Wanderschaft wähnt, ist um ihre sichere Rückkehr besorgt. Darum gilt in manchen Stämmen das Verbot, Schlafende zu wecken. Rücksicht lassen auch diejenigen walten, die im Schatten einer Person deren Seele vermuten und fürchten, daß sich Angriffe oder Fußtritte auf diesen Schatten entsprechend auf die Verfassung der Seele auswirken. Vertreter mancher Stämme glauben im Spiegelbild an der Wasseroberfläche ihre Seele sehen zu können, was gegebenenfalls gefährlich werden und zur Krankheit oder zum Tod der betreffenden Person führen kann. Vielerorts hat es mit dem Spiegel eine ähnlich magische Bewandtnis, denn ihm wird die Fähigkeit zugesprochen, die Seelen derer einzufangen, die unter ihrem Dach einen Todesfall betrauern. Manche fürchten auch, daß eine Fotografie die Seele des Abgelichteten festzuhalten vermag.

Diese Vorstellungen und Gewohnheiten machen deutlich, daß die Seele zu allen Zeiten als ein wichtiger, wenn nicht der wichtigste Teil einer Person angesehen und mit großem Respekt bedacht wurde. So kommt der Glaube nicht von ungefähr, daß sie bei Eintritt des Todes entschwindet und zu einem späteren Zeitpunkt in einen anderen Körper wechselt. Dieser Glaube ist grundlegend für die Vorstellung der Reinkarnation.

2
Die Mysterien von Osiris, Isis, Horus und Seth

Als der Sonnengott die ersten göttlichen Wesen in Ägypten schuf, breitete er die Arme aus und verlieh ihnen einen *Ka*, eine Seele. So ist auch die Hieroglyphe für *Ka* ein im rechten Winkel ausgestrecktes Armespaar. Den Ägyptern galt der *Ka* als Symbol der persönlichen Existenz. Er war sowohl Seele als auch Chiffre für Individualität. Segneten die Ägypter jemandes unsterblichen *Ka*, so segneten sie diese Person. Der Ka wurde als schützende Essenz und Lebenskraft angesehen.[1] Nach altägyptischer Vorstellung bewohnte ein jedes Wesen eine Anzahl verschiedener Körper, je nach Aufgabenzuteilung abgestuft von höchst spiritueller bis hin zu schier materieller

[1] Róheim, *Animism, Magic and the Divine King*, S. 17–18; der Autor nimmt hier Bezug auf den Begriff des »Genius«, der nach römischem Denken der schöpferischen Kraft des Individuums gleichgesetzt und als Schlangenenergie symbolisch zum Ausdruck gebracht wird.

Abbildung 2: Die Seele – der Ka – eines Schriftgelehrten über dessen mumifiziertem Leichnam

Gestalt. Der *Ka* war der in sich gefestigte belebende Geist und wurde häufig dargestellt durch einen stilisierten Stier (oder dessen Hörner), denn er galt auch als das Prinzip der Fortpflanzung und Manifestation (siehe Abb. 2).

Nach geltender Auffassung hatte das Bewußtsein zwei Aspekte: den göttlichen *Ka* in der Rolle des spirituellen Zeugen und den intermediären *Ka* als dauernden Zeugen. Zu Lebzeiten geht der dauernde Zeuge eine Verbindung mit dem Tierbewußtsein ein, vereint sich aber nach dem Tod mit dem spirituellen Zeugen und gelangt so zur Freiheit.[2] Wenn der dauernde Zeuge den höheren Impulsen des spirituellen Zeugen nicht gehorcht, droht der Tod, und zur Strafe wird der Geist in der anderen Welt beherrscht von niederen Neigungen, ähnlich jenen, denen er auf Erden unterworfen war.

[2] Schwaller de Lubicz, *The Opening of the Way*, S. 150.

In der Abfolge von Geburt, Tod und Wiedergeburt trachtet das spirituelle Wesen aus eigenem Wunsch wechselweise nach Integration und Befreiung, während das Ego in seinem unstillbaren Hunger nach den Früchten der Welt an den Körper gebunden zu bleiben hofft und darum mit den *Kas*, die er um ihre Kräfte beneidet, in ständigem Widerstreit lebt. Darstellungen vom Leben nach dem Tod zeigen das Individuum auf der Suche nach seinem unsterblichen *Ka* in der Hoffnung, selbst Unsterblichkeit zu erlangen.[3]

In seinem nächsten Leben trachtet ein eigensinniges Ego danach, einen neuen Körper an sich zu binden und mit ihm seine Kraft zu mehren. Gleichzeitig aber entfernt es sich von der Führung durch seine *Kas*, was dadurch zum Ausdruck kommen kann, daß es zwar an weltlicher Macht dazugewinnt, aber Schaden nimmt an seiner Spiritualität und Empfänglichkeit für höhere Impulse. Wird dieser Prozeß fortgeführt, droht die Gefahr, daß sich der spirituelle Zeuge endgültig zurückzieht und das bewußte Ich im Zustand der Auflösung zurückläßt, dem sogenannten Zweiten Tod. Es wird ins Reich der Tiere, Pflanzen oder Mineralien verbannt, wo es seinen unerfüllten Begehrlichkeiten überlassen bleibt, bis es über die Stufen des Seins wieder aufsteigt und eine weitere Chance erhält, sich mit dem Geist zu versöhnen.

Die gesamte altägyptische Kultur basierte auf dem Reinkarnationsglauben, woraus eine einflußreiche, wichtige Religion erwuchs. Diese wiederum führte zur Hervorbringung jener zutiefst mystischen und symbolischen Architektur und darstellenden Kunst, die bis heute zu uns spricht und von Göttern erzählt, welche die Seele nach dem Tod mit einer Feder

[3] ebd., S. 150–4.

Abbildung 3: Die ägyptischen Gottheiten Thot, Isis, Nephthys und Horus segnen einen dahinscheidenden Pharao, der im Begriff ist, sich in Osiris zu verwandeln.

aufwiegen. Die Schönheit und Kraft dieses Glaubens beeindruckt und fasziniert nach wie vor.

Dieser Glaube an Reinkarnation nahm eine einzigartige Ausprägung an mit dem Aufkommen des Mythos vom Tod und der Wiedergeburt des Gottes Osiris, der der Totengott Ägyptens wurde. Der Mythos um ihn – sowie um Isis, Horus und Seth, die zusammen eine göttliche Vierheit darstellen – hat verschiedene Deutungsebenen (siehe Abb. 3): als Fruchtbarkeitsmythos im Hinblick auf die agrarische Notwendigkeit der alljährlichen Überflutung des Nils, der das schmale Ackerland an seinen Ufern fruchtbar machte; als astronomischer Mythos, der die Position und Bewegung von Sternen und Planeten erklärte, insbesondere mit Berücksichtigung des jährlichen Erscheinens von Sirius, der das Nil-Hochwasser ankündigte; als politischer Mythos mit Bezug auf das Verhältnis zwischen Ober- und Unterägypten, jenen Landesteilen, die einst getrennt waren und dann zu einem vereinten ägyptischen Königreich zusammengeführt wurden; schließlich als mythologische Ausdeutung jener spirituellen Prinzipien, in deren symbolischem Mittelpunkt die Mumifizierung und Reinkarnation des Gottes stehen.

Dieser zentrale Mythos hat zahlreiche Versionen ausgebildet, die alle recht unterschiedlich, aber in Thematik und Symbolik stets identisch sind. Einige Altertumsforscher vermuten, daß dieser Mythos den Ägyptern so vertraut war (ähnlich wie den Juden und Christen das Alte Testament), daß es nie einen Grund gab, ihn in eine verbindliche Form zu bringen.[4] Im folgenden sei der Mythos kurz nacherzählt:

> Osiris war der Sohn der Himmelsgöttin Nut und der ältere Bruder von Isis, Seth, Nephthys und Anubis. Er nahm Schwester Isis zur Gemahlin und herrschte als erster König über Ägypten. Gemeinsam mit Thot, dem Gott der Schreibkunst, brachte Osiris der Menschheit die Künste der Zivilisation. Ägypten reifte zur Blüte, doch Bruder Seth war eifersüchtig. Er tötete Osiris und schnitt seine Leiche in 14 Stücke, die er über Ägypten verstreute. Osiris hinterließ keinen Nachfolger, da Isis ohne Kinder war. Sie sammelte aber die Leichenreste ein und nutzte ihre magischen Kräfte, um den Körper des Gatten wiederherzustellen. Auf diese Weise entstand die erste Mumie. Isis befruchtete sich mit dem abgetrennten Phallus von Osiris' Körper und wurde schwanger. Osiris verwandelte sich daraufhin in das Sternbild des Orion und wurde zum Herrscher des Totenreiches und zum Aufseher über die

[4] Bauval & Gilbert, *The Orion Mystery*, S. 92.

> Trauerriten. Isis verbarg sich in den Sümpfen des Nils und brachte einen Sohn, Horus, zur Welt, den sie zu einem mächtigen Prinzen erzog. Als Jüngling forderte er Seth zum Kampf, in dessen Verlauf Horus ein Auge und Seth seine Hoden einbüßte. Der Ausgang des Kampfes bleibt unklar; letztlich aber erfuhr Horus die Gunst des Sonnengottes Ra, herrschte als erster Pharao über Ägypten, um zuletzt das ewige Auge von Ra zu werden.

Der Pharaonenkult enthält ein komplexes Ritual, wonach ein jeder Pharao als Horus-Reinkarnation ins Amt gesetzt und mit der Aufgabe betraut wird, die als Göttin Ma'at personifizierte Rechtsprechung zu pflegen. Wenn ein Pharao stirbt, geht er ins Jenseits ein und wird eins mit Osiris, während sein Nachfolger als neuer Horus-Sohn und Abkömmling von Osiris und Isis die Macht übernimmt. Es kommt also in der mythischen Vorstellung zur doppelten Verwandlung: Der sterbende Pharao geht von Horus in Osiris über, während der Nachfolger das Wesen des aus Osiris hervorgegangenen Horus annimmt. Als Fruchtbarkeitsmythos verweist dieser Prozeß auch auf das Werden und Vergehen im Vegetationskreislauf der Natur.

So ist Osiris auch als Garant für die fruchtbare Schwemme des Nils zu verstehen, der in Isis seine Verkörperung findet, während Horus als Personifikation der feuchtigkeitsspendenden Atmosphäre angesehen wird. Ähnlich vielfältig ist die symbolische Gestalt Seths; er ist Feind oder Antagonist von Osiris, Isis und Horus, das scheidende Prinzip der Zeit und des Intellekts sowie der Zerstörer des Lebens. Ein solcher Dualismus zwischen einem Erzeugerpaar und der Todeskraft ist in fast allen Mythen zu finden. Inkarniert die Seele, so ist Ableben und Wiedergeburt eine notwendige Folge. Diese Vorstellung entspricht den beobachtbaren Vorgängen in der

Natur, den Jahreszeiten und den natürlichen Funktionen, die sie ausmachen. Das Aufleben und Absterben der Vegetation wurde darum zu allen Zeiten als gleichsam prototypisches Vorbild in Verbindung gebracht mit dem persönlichen Werden und Vergehen.

Das Ägyptische Totenbuch

Das *Ägyptische Totenbuch* ist eine der ältesten Schriften der Welt überhaupt. Das äußerst komplexe Werk umfaßt mehr als 100 Kapitel und wurde offenbar in sehr kurzer Zeit zusammengestellt. Es scheint, daß die Bilderschrift festhält, was zuvor schon über lange Zeit mündlich weitergereicht worden war. Die wunderschönen Illustrationen und Hieroglyphen wurden während der Fünften Dynastie in den Sargkammern der Pyramiden aufgezeichnet (siehe Abb. 4). Wie die meisten religiösen Texte Ägyptens war das Totenbuch ursprünglich den Königen vorbehalten und an Eingeweihte oder Priester gerichtet, die sich auf die symbolischen Gehalte der Wiedergeburtstheologie verstanden. Später entstand eine Vielzahl abweichender Versionen mit Interpretationen und zusätzlichen Erläuterungen, die aber allesamt dieselbe Geschichte erzählen.

Das Totenbuch ist eine Spruchsammlung und enthält Ansprachen an den *Ka* des verstorbenen Pharaos, Worte, die dessen Einheit mit Osiris beschwören und zur Reise durch das Totenreich *Duat* ermutigen bis hin zur Auferstehung, die entweder Erlösung oder Wiedergeburt bereithält. Im Kern enthalten sämtliche Spruchweisheiten die Botschaft von der Verwandlung: Menschen sind nicht, was sie sein sollten und sein könnten, vermöge des göttlichen Funkens, den sie in

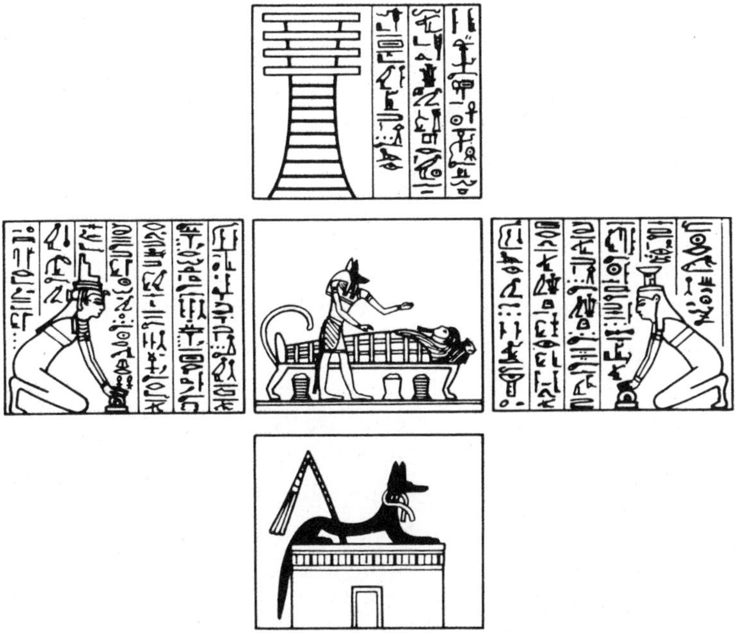

Abbildung 4: Aus dem Ägyptischen Totenbuch

sich tragen und der durch gerechte Lebensführung zu einem Feuer zu entfachen ist, das alle Illusionen verzehren möge. Die Kämpfe im Pantheon der Götter und Göttinnen lassen sich symbolisch verstehen als Kämpfe, die wir Menschen in unserem Leben austragen, vor allem dann, wenn wir die Seele in uns zu identifizieren versuchen und unser Leben von dieser heiligen Mitte abrücken lassen.

Die Sprüche des Totenbuchs sind im Grunde Anweisungen für den *Ka*; sie erklären der vom Körper losgelösten Seele, welche Prozesse notwendig zu durchlaufen sind, um ewiges Leben zu gewinnen. Das Jenseits wird nicht verstanden als ein der sinnlichen Welt vergleichbarer Ort, sondern als eine Zone, in der die besagten Verwandlungen stattfinden. Die Götter Ra und Osiris sind als Gegenpole aufeinander bezogen; der eine herrscht über das Reich der Lebenden, der andere über das der Toten. Ra bewegt sich zu Lebzeiten auf den Tod zu, während Osiris als Gott der Wiedergeburt im Zustand des Todes auf das Leben zustrebt. Darum verwandelt sich ein verstorbener König zur Identität mit Osiris, und indem er die Wiedergeburt akzeptiert, wird er zu Ra.

Dieser Prozeß vollzieht sich im himmlischen Strom, der beides ist: der Nil und die Milchstraße am Nachthimmel, über die die Barke der Götter segelt. In diesem Sinne wird Ra gleichgesetzt mit der Sonne, die am Abend versinkt und des Nachts wie Osiris durch das Jenseits reist, um am Morgen wieder aufzugehen. Die Gottheiten der zwölf Nachtstunden (die *Horuskinder*) begleiten den Gott auf seiner Reise; und Paviane, die Weisheit verkörpern, führen den *Ka* durchs Jenseits. Der Königs- und Totengott Osiris ist von einer Fülle anderer heiliger Figuren umgeben, so von Schlangen als Sinnbilder der Zeit, von Gottheiten mit rotem beziehungsweise weißem Kopfschmuck, die die Landesteile Ober- und Unterägyptens verkörpern, und von Krokodilen, darauf lauernd, jede Seele zu verschlingen, die sich dem Umwandlungsprozeß nicht gewachsen zeigt.

Dieser Prozeß vollzieht eine Abwärtsbewegung, gefolgt von einem Aufstieg, und jedes Kapitel widmet sich einem der Stadien, durch die der *Ka* – in Analogie zur Tageszeit: Stunde für Stunde – fortschreitet.[5] Für jede Stunde sind

[5] West, *The Traveler's Key to Ancient Egypt*; die Seiten 281–313 beschreiben die im Museum von Kairo befindlichen Bestattungstexte auf sachkundige und zugängliche Weise.

rituelle Initiationen vorgeschrieben, die die jeweilige Etappe der Metamorphose kennzeichnen: den erwähnten Abstieg; das Larvenstadium, dargestellt durch den Skarabäus Khephren, jenen Käfer, der eine Dungkugel (als Symbol der Sonne) vor sich herrollt; die Ernährung der Larve; und das Weben des Kokons, dem der Nachkömmling auf magische Weise entschlüpft und auf seinen Flügeln der Sonne entgegenfliegt. Die natürliche Metamorphose im Werdegang eines Skarabäus-Käfers dient als Vorbild für die spirituelle Transformation des Menschen. Der tote Osiris kehrt als Horus zurück.[6]

Durch diese Stadien wird der Verstorbene begleitet von zahlreichen Tiergöttern und Gottheiten der ägyptischen Mythologie. Die Wasserschlange macht vor, wie man eintaucht in die animalisch unbewußte Welt der Toten; der räuberische Schakal oder Hund Anubis öffnet den Weg und macht durch seine Anwesenheit sinnfällig, daß der Körper durch den Tod verzehrt wird. Im Stadium der Verpuppung tritt Göttin Isis als Weberin in Erscheinung und beaufsichtigt die Herstellung des Kokons; außerdem lenkt sie die Sonnenbarke himmelwärts. Die Nachtbarke in den jenseitigen Transformationsprozeß steuern Thot und sein Anhang aus Pavianen. Ineinander verschlungene Schlangen sind ein Sinnbild der Mondphasen; entweder weisen sie darauf hin, wie lange – an Mondumläufen gemessen – der Transformationsprozeß dauert, oder aber sie geben an, daß die Wiedergeburt nach einer bestimmten Anzahl von Mondumläufen zu erwarten ist.

[6] ebd., S. 293.

Ägyptische Symbole der Wiedergeburt

Gegen Ende des rituellen Prozesses häufen sich die Zeichen der Wiedergeburt, so die »Ankhs« und Palmzweige der Götter, die Bäume und Pflanzen wachsen lassen. Seelenführer Horus beaufsichtigt diese letzten Etappen. Aus den Urwassern tauchen Schlangen auf, die sich zur Wirbelsäule wandeln, wobei der Skarabäus den Kopf bildet. Schließlich ist der ganze Körper neu entstanden, und während die nun nutzlose Mumie des toten Königs in der Dunkelheit verschwindet, zieht Horus zusammen mit dem Wiedererweckten in sein neues fleischliches Zuhause ein.

Die Bilder des Ägyptischen Totenbuchs, die diesen Prozeß veranschaulichen, sind oft in Verbindung gebracht worden mit der Vorstellung vom Jüngsten Gericht, und in der Tat lassen sich Parallelen ziehen: Im Gerichtssaal der Götter kommt Anubis seiner Aufgabe nach, das Herz des Toten gegen eine Feder abzuwägen, das heißt gegen seine Ma'at oder die Summe der Möglichkeiten seines Lebens. Über sein Verhalten zu Lebzeiten hat Thot, der Schöpfer der Schrift, Protokoll geführt. Wird der Beurteilte für würdig befunden, darf seine Seele weiterziehen; wenn nicht, wird sein Herz den verschlingenden Tieren des Gewissens zum Fraß vorgeworfen. Die Seele des Verstorbenen findet ihren symbolischen Ausdruck in den Schwingen eines Falken, die seinen Kopf schmücken. Nach dem Jenseitsgericht erwartet der noch ungeformte Körper seine Beseelung und die Einweisung in seine künftigen Lebensaufgaben. Horus führt den verklärten *Ka*, der nun hell wie die Sonne leuchtet, ins Licht und in den inneren Kreis der Menschheit.[7]

[7] Collin, *The Theory of Eternal Life*, Bildunterschrift zu Darstellung IV.

Die psychologische Symbolik der ägyptischen Rituale ist so wirkmächtig, daß, wie es scheint, auch der Hinduismus, der Buddhismus und das Christentum Anleihen daraus machten, insbesondere im Hinblick auf die Vorstellung vom Jenseitsgericht: Das Leben eines jeden wird nach dem Tod kritisch begutachtet, und das Urteil entscheidet über das nächste Leben. Beides ist ins Auge zu fassen: die Erblast aus dem voraufgegangenen Leben sowie die Aussicht darauf, daß unbewältigte Aufgaben aus diesem Leben im künftigen abermals an uns gestellt werden. Der ägyptische Mythos eröffnet einen differenzierten, anschaulichen Einblick in den kosmischen Prozeß der Reinkarnation.

3
Maya-Träume und das Samsara-Rad

> Wie ein Mensch, der seine alten Kleider abgelegt hat, ein neues Gewand anzieht, so offenbart sich die ewige Wesenheit, wenn die zerrissenen Kleider abgelegt sind, in anderen sich neu bildenden Leibern.
>
> *Bhagavad Gita*, ii, 22

Reinkarnation ist ein grundlegendes Prinzip der hinduistischen Religion und ihrer vedantischen Schule der Philosophie. Ihr ganzes Denken ist durchdrungen von der Vorstellung zyklischer Lebensprozesse, in denen Geschaffenes zerstört und wiederhergestellt wird, sei es in kurzen oder auch so unermeßlich langen Perioden wie den *Yugas*, den Weltzeitaltern.

Laut hinduistischer Schöpfungsgeschichten nimmt Vishnu, der Schöpfergott und Bewahrer, teil an einem ewig währenden und sich stets wiederholenden kosmischen Mythos, wonach dieser nach seinem Tod einen neuen Körper annimmt, reinkarniert und so eine neue Welt manifest werden läßt. Doch kaum ist ihm dies gelungen, treten mächtige, dämonische Kräfte auf den Plan, die sich ihm widersetzen. Sie versuchen mit allen Mitteln, ihn zu unterwerfen, zu zerstören oder seine Schöpfung zu untergraben. Was als rein negativer Vorgang erscheint, ist in Wahrheit als wesenhafter Grundzug der Welt zu sehen: Widerstand ist die dynamische Kraft, die die Welt erhält.

Brahman, die Seele des Universums, steht als göttliche Wesenheit für das ungeteilte Bewußtsein, das sich aus Sein-Bewußtsein-Glückseligkeit zur Trinität zusammensetzt. Hinter den äußeren Erscheinungsformen, die der Göttin Maya, der kreativen Wegbereiterin des Brahman, zugesprochen werden, steht das unabhängige, ewige, universale Selbst, *Ātman* genannt. Darum sind Brahman/*Ātman* als Komponenten des universalen Bewußtseins zu verstehen, das durch Maya zur Manifestation gelangt.

Das ewige Ātman

Es ist das höchste Ziel der hinduistischen Philosophie und Religion, die Mysterien des Seins zu durchdringen und Einheit zu stiften mit der ewigen spirituellen Welt des Ātman, die jenseits aller Zeit und hinter den Erscheinungen liegt. Im Unterschied dazu benennt das Wort *Jivatma* das individuelle, endliche Bewußtsein, das einer unbegrenzten Zahl von Wesen, die die Welt bevölkern, eigen ist und aufgrund der kosmischen Illusion vom *Ātman*/Brahman getrennt erscheint. *Jivatma* läßt sich also verstehen als Äquivalent zu unserem Begriff der Seele.

Die Seele hat nach hinduistischer Vorstellung ihren Ursprung in Brahman oder *Ātman*, wird aber durch die Verführungskünste und Täuschungen der Maya von dieser Ureinheit abgetrennt. In der natürlichen Welt ist alles ständiger Veränderung unterworfen, *Ātman* aber bleibt unverändert, denn es steht außerhalb von Zeit und Raum und ist darum von jeglicher Kausalität ausgenommen. Die Überwindung der Unwissenheit *(Avidya)*, aus der die Trennung von *Jivatma* und *Ātman* resultiert, gipfelt in Erleuchtung *(Moksha)*, das heißt in der Einsicht vom Selbst als universale Essenz des Seins. Für das einzelne Individuum stellt sich also die Aufgabe, sich aus dem Zustand der Fesselung an die natürliche Welt mit all ihren Täuschungen und Unvollkommenheiten zu befreien und seine eigentliche Bestimmung zu finden, nämlich Vollzugsorgan der Überwindung irdischer Existenz zu sein.[1]

Die Seele ist ewig, trägt aber das *Jiva* in sich, die Illusion, von *Ātman* getrennt zu sein. Als solche hat sie schon immer existiert und wird für immer so weiterexistieren, es sei denn, sie gelangt zur Erleuchtung und entrinnt dem Kreislauf von Geburt und Wiedergeburt. Der hinduistische Glaube geht von einer unbegrenzten Anzahl von Seelen aus, die durch alle Zeiten existieren und, obwohl selbst geschlechtslos, männliche oder weibliche Körper annehmen. Jedes Individuum ist von psychisch-körperlicher Eigenständigkeit und mit einer Seele ausgestattet, die typischerweise ihren Ursprung und ihre Verwandtschaft zu allen übrigen Seelen vergessen hat. Das Ich erscheint somit als temporäre Entäußerung der ewigen Seele *Ātman*, die nach bildlicher Vorstellung umschlossen ist von einer Reihe von Hüllen oder Körpern, welche sie beim Tod abwirft, um sich neu zu inkarnieren.

[1] Zimmer, *Philosophies of India*, S. 4.

Dreierlei Körper sind zu unterscheiden: der physische Leib, der unsichtbare, feinstoffliche Leib *(Linga Sharira)* und der kausale Leib. Der feinstoffliche Leib überlebt den Tod des physischen Leibs, um Veränderungen oder Spuren *(Samskaras)* aus dem abgeschlossenen Leben auf die neue Inkarnation zu übertragen. Der feinstoffliche Körper wird auch als das »Gemüt« bezeichnet und ist zusammengesetzt aus bestimmenden Charakterzügen und Wahrnehmungsweisen, die er während eines menschlichen Lebens und in weiteren Leben behält; auch das, was wir Emotionen nennen, fließt darin ein. Mit anderen Worten: Die Gesamtheit aller charakterlichen Anlagen – die *Samskaras* – wird über den feinstofflichen Leib weitergereicht an einen sich im Mutterleib entwickelnden Embryo, verbindet sich mit dem werdenden Wesen und transformiert dessen genetische Anlagen gemäß seinem Karma.[2] Die wiederholten Inkarnationen der Seele streben ihrer Befreiung entgegen, der Identifikation mit dem Ewigen. Der gesamte Prozeß vollzieht sich gleichsam automatisch, insofern nämlich, da er keines Bewußtseins bedarf, um in Gang gesetzt zu werden, sondern vielmehr nach kosmischer Gesetzmäßigkeit abläuft, die er selbst konstituiert.

Erlösung von Kama

Mythologie und Lehrsätze des Hinduismus bringen gleichermaßen die Vorstellung zum Ausdruck, daß die Welt aus der Suche des individuellen *Ātman* nach Erlösung entsteht. Kama (siehe Abb. 5) ist der Hindu-Gott der Liebe und – wie Eros aus der griechischen Mythologie – der Erstgeborene der

[2] Hick, *Death and Eternal Life*, S. 312–17.

Abbildung 5: Kama, der Hindu-Gott der Liebe, und seine Gemahlin

Götter nach dem Chaos. Er herrscht über das Reich des Begehrens *(Kama-loka)* und verkörpert das Prinzip der Erfüllung. Gleichzeitig aber geht von ihm der mächtigste Fluch schlechthin aus. Wer das Selbst aus dem Auge verliert, bleibt seinem Reich unterstellt und ist dazu verdammt, über alle Zeit hinweg den Kreis des *Samsara* (siehe Abb. 1) durch Sex, Empfängnis, Geburt, Altern und Tod durchlaufen zu müssen. Die unerfüllten Wünsche und Sehnsüchte, die durch Kama eingeflüstert werden, zwingen den Menschen, immer und immer wieder neu in die Welt zu inkarnieren. Das menschliche Schicksal ist die Frucht dieses Verlangens.

Das hinduistische Universum ist vielfältig gegliedert, im wesentlichen jedoch unterscheidet man drei Bereiche: Hölle, Erde und Himmel. Das ewige Selbst kann von einer zur anderen Welt auf- oder absteigen; ausschlaggebend für die Richtung sind Güte und Wesensart seiner Gedanken und Begierden. Die unteren, höllischen Regionen sind der vollständigen Herrschaft animalischer Begierden vorbehalten; sie werden bevölkert von riesigen Monstren, furchterregenden Bestien und noch schrecklicheren Gespenstern, die allerdings samt und sonders bloß Schimären der Vorstellung sind. Es wohnen dort auch die Gottheiten früherer Kulte, so zum Beispiel die Titanen, Kobolde, die Nagas und das ganze Pantheon der Hausgötter. Im mittleren, irdischen Bereich herrscht Kama über all jene Menschen und Tiere, die, obwohl von ihren Begierden gefangen, die Möglichkeit haben, sich davon zu befreien. Die himmlische Welt liegt jenseits aller zwanghaften Bedürfnisse. Auch hier herrscht Kama, jedoch in höherer Wesenheit; er regiert über göttliche, vogelähnliche Wesen (die *Garudas*) und himmlische Musikanten – Menschen, die in die Regionen der sexuellen Wonne wiedergeboren wurden. Etliche Stufen höher befindet sich schließlich das Reich der rein spirituellen Wesen, die, von aller Konkretion befreit, in ewiger Glückseligkeit leben. In seinem göttlichen Trachten nach Fortpflanzung ist Kama verantwortlich für die zyklischen Abläufe der Reinkarnation in diesen Regionen. Allein darum währt das Universum: Es soll ein jedes Lebewesen die Möglichkeit haben, diese höchste Stufe der Existenz zu erreichen.

Im Tod durchreisen wir all diese Herrschaftsbereiche, durch die formlose, spirituelle Welt sowie durch die verschiedenen Paradiese und Höllen, bis wir von jener Region angezogen werden, in der sich die unerfüllten Wünsche aus unserem vergangenen Leben erfüllen lassen. Der Gang durch diese Bereiche ist langwierig und geht nur schleppend voran, denn jedes Wesen hält an seinem Sosein fest und verfolgt immer dieselben unerfüllbaren Wünsche, gleich, ob es dabei Erfolg hat oder nicht. Wer von sexuellen Begierden besessen ist, bleibt gefangen im Netz der Maya; er wird nie zur eigentlichen Befriedigung finden, da diese jenseits aller sexuellen Phantasien und Illusionen liegt.

Die Menschen in Indien sind weitestgehend festgelegt auf soziale Rollen. Diese Rigidität entspricht der Vorstellung der endlos fortgesetzten Wiedergeburt, der unaufhörlichen Kreisbewegung des *Samsara*, die wenig Freiraum läßt, weder für Aufstieg noch Abstieg. Die strenge Identifikation mit und Klassifikation von Dingen in der Welt, die im westlichen Denken so gepriesen wird, konstituiert nach östlichem Denken genau die grundlegenden Instrumente der Anhaftung an die Welt. Die äußeren Qualitäten, die die Dinge voneinander unterscheiden, sind die Werkzeuge der Welt Mayas. Solange das Denken, Wünschen und Handeln aus einer Vielzahl von Optionen auszuwählen genötigt ist, wird sich die Welt fortsetzen und die Bindung an sie verstärken.

Aus dem Netz der Maya kann nur eines heraushelfen: die Preisgabe aller Unterscheidung. Sie führt zur Identifikation mit der gesamten Schöpfung oder, anders ausgedrückt, zur Einheit mit Brahman. Da das Göttliche in allen Dingen wohnt, ist es grundsätzlich unerheblich, welcher der vielen göttlichen Aspekte verehrt wird. An diesem Punkt stößt die hinduistische Religion auf ein großes Dilemma. Die spirituellen Zwänge, die aus der Vorstellung vom Karma und der Reinkarnation resultieren, spiegeln sich in den sozialen Zwängen des Kastensystems wider und rechtfertigen dieses. Nur wer abzusehen vermag von den Göttern und von dem,

»was Recht ist« *(Dharma)*, findet den Weg zur vollkommenen Freiheit. Von wertvollster Qualität ist der immerwährende Zustand der Erleuchtung.

Der Reinkarnationsweg der verehrten Heiligen des Hinduismus wird über viele Lebenszeiten zurückverfolgt. Erwähnung finden nicht nur ihre göttlichen Geburtsrechte, sondern auch Phasen tierischer Existenz, in denen ihre höheren Qualitäten und Verwandlungskräfte besonders deutlich zum Vorschein kommen. In vielen Fällen werden solche »Reinkarnationsgenealogien« einfallsreich ausgeschmückt und so erzählt, daß die Spiritualität des Heiligen auf allen möglichen Seinsstufen in beispielhafter Weise zum Ausdruck kommt.

Manche Hindus glauben, daß nicht alle Seelen im gleichen Rhythmus wiedergeboren werden. Nach dieser Ansicht können höherentwickelte Wesen häufiger reinkarnieren, um zusätzliche Lektionen zu lernen und um als Berichterstatter über diese Prozesse zu wirken; die Masse der Menschen hingegen reinkarniert weniger häufig, wenn überhaupt. Sie wissen nicht um ihre wahren Möglichkeiten, sind aber durchaus zufrieden mit diesem Los. Entsprechend differenziert sind die für den einzelnen erreichbaren spirituellen Ziele einerseits und die verschiedenen Himmelssphären mit ihren jeweiligen Hierarchien und Qualitäten andererseits. Oft erfahren höhergestellte Wesen in den Phasen zwischen Tod und Wiedergeburt Glück und Schönheit, eine Art »kosmischen Urlaub«, um ausruhen zu können, bevor sie sich den Herausforderungen der nächsten Existenz stellen müssen.

Die frühesten vedischen Gottheiten hatten Menschen- oder Tiergestalt; dennoch konnte kein irdisches Wesen darauf hoffen, jemals zu deren Höhe aufzusteigen. Gleichwohl glaubten die dravidischen Inder, daß selbst die höchsten Götter und Göttinnen Seelen von Individuen seien, die sich durch

Verdienste ihren Glückszustand erworben hatten.[3] Erlosch diese Gnade, mußten sie zugunsten anderer ihren Platz freimachen und in Menschen-, Tier- oder Dämonengestalt auf einen niederen Plan zurücktreten. Diese fortwährende Transformation entsprach dem Wirken der Natur und führte in der Überlieferung zu einer wahrlich farbenprächtigen und äußerst dramatischen Mythologie.

Jainismus und die Reiche der Götter

Der Jainismus ist ein Ableger der hinduistischen Religion, der angeblich in prähistorischen Zeiten wurzelt, tatsächlich aber erst mit Vardhamana Mahavira in Erscheinung trat, dem ersten Heiligen der Jainas und Nachfolger der *Tirthamkaras* (Wegbereiter). Er war Zeitgenosse Buddhas und starb im sechsten Jahrhundert vor unserer Zeitrechnung.[4] Den gottgleichen Tirthamkaras sind alle Gedanken und alles Handeln gewidmet. Erschaffend, bewahrend und zerstörend herrschen sie über die Welt der Seelen, die an die Kette der Reinkarnation gebunden sind.

Der Kosmologie der Jainas zufolge besteht die Welt der lebendigen Organismen aus zwei identischen, kreisförmigen Ebenen, in deren Mitte ein idealtypischer Bereich liegt, von der Welt getrennt durch einen Fluß, den nur die Tirthamkaras zu überschreiten vermögen. Die Götter bewohnen eine höhere, zentralere, reinere und exponiertere Ebene, die der einfache Mensch erst dann erreichen kann, wenn er eine Vielzahl von Reinkarnationen in niederen Bereichen hinter sich gebracht hat.

[3] ebd., S. 184.
[4] ebd., S. 182.

Für die Jainas ist jedes Lebewesen eine Monade, eine einzige und einzigartige Lebenseinheit, die nicht zerstört werden kann und durch ungezählte Transformationen hindurch alle menschlichen, tierischen und dämonischen Stufen durchläuft bis hin zur himmlischen Seinsweise. Je weiter eine Monade fortgeschritten ist, desto größer sind ihre Fähigkeiten und Qualitäten. Sie reinkarniert, bewahrt aber stets ihre eigene, von Körpern unabhängige Substanz, die als Aureole für jene sichtbar ist, die selbst hellsichtig sind oder zu den Erleuchteten zählen. Wie ein glühendes Eisen das Feuer, so trägt jede Monade das Karma in sich, das dem Körper, den sie beseelt, seine Aufgaben zuteilt.

Die Evolutionsstufe einer Monade ist erkennbar am karmischen Geschmack, Duft und der Qualität, aus der sie zusammengesetzt ist, ausgedrückt in den »karmischen Farben«, die sie annimmt. Es gibt sechs solcher Farben, die jeweils einen spezifischen Grad an Reinheit kennzeichnen. Die beiden unteren Farben bezeichnen als *Tamas* das Dunkle; *Rajas* – feurig – sind die mittleren Farben (rauchgrau und flammenrot); die höchsten Farben, leuchtend und klar, stehen als *Sattvas* für Tugend, Güte und Reinheit. Die jainische Farbsymbolik entspricht folgender Werteskala: »schwarz« sind die Seelen roher, grausamer Menschen, »dunkelblau« die der Strolche und Ganoven, »grau« die der Gedankenlosen oder Unbeherrschten, »rot« die der Warmherzigen, Ehrlichen und Treuen, »gelb« die der Mitleidsvollen, Bedächtigen und Selbstbeherrschten; »weiß« schließlich ist die Farbe der Gerechten und Leidenschaftslosen.[5] Die Entwicklung strebt nach Klarheit und Licht, und der einzelne Mensch läßt erkennen, wie weit er in dieser Hinsicht fortgeschritten ist.

[5] ebd., S. 230.

Tugendhafte Handlungen verleihen der Monade mehr Klarheit, während böses Tun sie verdüstert. Die Bindung an die Welt bleibt in jedem Fall bestehen; gute Taten können diese allenfalls lockern.

Das höchste Ziel der Jainas ist Erlösung und Einkehr ins Nirvana. Dahin führen Askese und Kontemplation, die dem Leben als solchem entsagen. Die Wirklichkeit hat lediglich die Bedeutung einer Hülle, die es zu durchstoßen und abzustreifen gilt. Wer dazu in der Lage ist, wird seinerseits zum »Wegbereiter« und geht ein in jenen Bereich, der noch über dem der Gottheiten liegt und immerwährendes Glück verheißt. Paradoxerweise wird die Erfüllung aller weltlichen Wünsche nur denen in Aussicht gestellt, die die Welt total zu negieren vermögen. Im Streben danach verliert sogar das im höchsten Maße Ersehnte letztendlich an Wert. Parsvanatha, der als heilig verehrte letzte Tirthamkara, hat diesen Zustand erreicht und weist durch sein Beispiel den Weg der vollkommenen Erleuchtung.

Für die Menschen des Westens sind solche Lehren nur schwer zugänglich, da für sie ein möglichst langes, genußreiches Leben in der Welt (der Wünsche) oberstes Ziel ist. Dem widerspricht diametral der Glaube daran, daß Persönlichkeit und Körper nur wertlose Masken seien, die den Ausblick auf die göttliche Welt verschleiern. Aber durchaus können auch wir aus einer solchen Denkhaltung lernen.

4
Buddhistische Seelenlosigkeit und Wiedergeburt

Ich erinnerte mich an viele, viele frühere Existenzen, die ich durchlebt hatte: ein, zwei Geburten, drei, fünfzig ... einhunderttausend, in verschiedenen Weltperioden.

Gautama Buddha, in:
Das Tibetische Buch vom Leben und Sterben,
adaptiert durch Sogyal Rinpoche

Der Buddhismus gründet auf den Lehren von Gautama Buddha (563–483 v. Chr.). Der Name »Buddha« bedeutet »der, welcher Einsicht und Erleuchtung erlangt hat«. Insofern ist die Philosophie des Buddhismus zu verstehen als Sammlung all jener Lehren, die im Laufe der Jahrtausende von zahllosen Erleuchteten vorgetragen wurden.

Reinkarnation ist ein zentraler Begriff des Buddhismus, allein schon deshalb, weil nach einschlägiger Überlieferung

Buddha durch viele Leben hindurch an seiner Erleuchtung gearbeitet hat. Der Hauptunterschied zum hinduistischen und jainistischen Konzept der Reinkarnation liegt in der Definition dessen, was zur Wiedergeburt gelangt. Im Hinduismus ist dies die unsterbliche Seele *Ātman*, die im Vollzug ihrer karmischen Bestimmung eine Reihe verschiedener Körper annimmt. Dagegen hält der Buddhismus die Seele selbst für eine kurzlebige Illusion. Buddha leugnet deren Existenz zwar nicht ausdrücklich, geht aber mit keinem Wort ein auf das *Ātman* als Ursache für das Leiden, das nach seiner Auffassung menschliches Leben wesenhaft ausmacht. Von seinen Nachfolgern entwickelten einige später den Gedanken der Seelenlosigkeit zum vorrangigen Grundsatz. Nach dieser Auffassung ist folglich nicht mehr von Reinkarnation die Rede, sondern vielmehr von der Wiedergeburt, denn Reinkarnation setzt ja die Existenz einer Seele voraus. Der buddhistische Ausdruck *anatta (an-atman)* bedeutet »seelenlos« und bringt die Zurückweisung der hinduistischen Anschauung vom universalen Selbst im Kern der Seinsdynamik begrifflich auf den Punkt. Statt dessen verweist der Buddhismus auf die ewige Qualität des Denkens und Bewußtseins, verstanden als ein immerwährendes Kontinuum, obwohl in Form und Niveau dem Wandel unterworfen.

Metaphysische Spekulationen waren für Buddha selbst jedoch zweitrangig; sein Hauptaugenmerk galt Fragen der Moralität, der Lehre vom »rechten Pfad«. Eine Basis seiner Lehren ist der Sanskrit-Satz *»sat om tat«*, was sich frei mit »dies ist das« übersetzen läßt. Das Wesentliche im Leben sollte die Reise selbst sein, nicht so sehr das, was die Reise ausmacht. Wie aber ist bei diesem Denkansatz, der das Reinkarnierende nicht zur Kenntnis nimmt, Wiedergeburt überhaupt vorstellbar?

Der Wille ist eine kreative Kraft, die unweigerlich zu Auswirkungen in der natürlichen Welt führt, das heißt der Welt der Inkarnation. Die Gedankenkraft eines verständigen Wesens, hervorgebracht durch den Willen zu leben und durch das Bedürfnis, sinnliche Erfahrungen genießen zu können, läßt nach dem Tod ein anderes Wesen entstehen, gleichsam als kausale Wirkung seiner Vorgängerschaft.[1] Nach Auffassung der buddhistischen Theravada-Schule erklärt sich Inkarnation als Manifestation der Gedankenkraft; sie formt das neu entstehende Wesen, während für dessen Erzeugung der Wille verantwortlich ist. Als das Reinkarnierende ist oft der »Charakter« oder das »Ich« bezeichnet worden, doch sind solche Erklärungen eher Zugeständnisse an laienhafte Wunschvorstellungen gewesen. Genaugenommen widerspricht diese Gleichsetzung der buddhistischen Lehre. Nach ihr reinkarniert einzig und allein der machtvolle Wille. Ihn zur Ruhe zu bringen und alle Wünsche zu eliminieren, die weitere Reinkarnationen bewirken könnten, ist vorrangiges Ziel. Statt von »Reinkarnation« sprechen Buddhisten darum vorzugsweise von »Transmigration«.

Als Gautama, unter dem berühmten Feigenbaum meditierend, Erleuchtung *(bodhi)* zu erlangen versuchte, durchschritt er alle Seinsformen und stieß vor ins zeitlose Nichts, wo ihm der hinduistische Gott Kama als Knabe mit einer Flöte und dem Vorsatz erschien, ihn von seiner Aufgabe abzubringen. Kama verkörpert alle Annehmlichkeiten und Freuden der weltlichen Existenz, welche vom Prinzip der Liebe hervorgerufen werden; aber er ist auch der Gott des Todes, weil er den Geist dazu verleitet, Gestalt anzunehmen, und ihn somit dem Kreislauf von Tod und Wiedergeburt

[1] Head und Cranston, *Reincarnation*, S. 64.

aussetzt.[2] Dem Buddha wurde dieses große Paradoxon bewußt: Je größer die Verlockung der Welt, desto wichtiger ist das Wissen darum, daß Befreiung aus irdischen Fesseln nicht möglich ist, nicht einmal nach Tausenden von Reinkarnationen.

Das Tibetische Totenbuch

Sowohl nach hinduistischer wie auch buddhistischer Lehre entscheidet der allerletzte Gedanke, den der Sterbende faßt, über dessen Charakter in der folgenden Inkarnation.[3] Darum muß ein solcher Gedanke sorgfältig vorbereitet werden, entweder durch den Betreffenden selbst oder durch einen Lama, Guru oder Freund. Dem tibetischen Buddhismus zufolge wird die im Tod vom Körper losgelöste Seele einem gründlichen, wirksamen Reinigungsritual unterzogen. Sie durchläuft die sogenannten *bardo*-Stationen, in denen Zustand und Fortschritt der Seele im Hinblick auf ihr Karma überprüft wird. Vom Ergebnis dieser Prüfung hängt ab, in welchem neuen Mutterleib diese Seele reinkarnieren kann. Die Beschreibungen dieser Stationen sind von tibetischen Mönchen ausführlich kommentiert und analysiert worden und bilden die Grundlage ihres vielbeachteten Totenbuchs. Auch moderne Psychotherapeuten haben sich eingehend mit diesen Texten befaßt, denn neben Anleitungen für die Seele nach dem Tod enthalten sie tiefgreifende Auskünfte über psychische Vorgänge.[4]

[2] Wie im 3. Kapitel erwähnt, wird das Purgatorium, in dem sich die Seele auf ihre Wiedergeburt vorbereitet, *Kama-loka* (Ort Kamas) genannt; die Wahl wird bestimmt von Begierden, die in den vorangegangenen Leben unerfüllt geblieben sind.

[3] Evans-Wentz, *The Tibetan Book of the Dead*; aus d. Komment. v. C. G. Jung, S. xviii.

[4] vergl. Sogyal Rinpoche, *Das tibetische Buch vom Leben und vom Sterben*.

Das *Tibetische Totenbuch* (tibetisch: *Bardo Thödol*) besteht aus Instruktionen für Lebende, Sterbende und Tote. Der Begriff »bardo« kennzeichnet die 49tägige Phase zwischen Tod und Wiedergeburt, die in drei Hauptabschnitte unterteilt ist. Der erste ist gekennzeichnet durch die physischen Vorgänge des ausklingenden Lebens, der zweite durch den Traumzustand des Todes und der dritte durch das Aufleben jener Instinkte, die die pränatale Entwicklung einleiten und endlich zur Geburt führen.

Der Gang durch diese *bardo*-Etappen beginnt mit dem Eintritt in ein weißes Licht, das von einer unvorstellbaren Macht herrührt; dieser Eintritt kommt einer Verschmelzung mit dem Göttlichen gleich. Unmittelbar nach Einsetzen des Todes offenbaren sich dem Bewußtsein flüchtige Ausblicke auf das Nirvana, Momente höchster Einsicht und Erleuchtung, die der Möglichkeit nach zur Befreiung aus dem Reinkarnationszyklus verhelfen. Doch typischerweise ist die Seele zu eng gebunden an einen Körper, an Empfindungen und Gedanken sowie an materielle Güter und Besitz, nicht zuletzt auch an ein spirituelles Interesse – an all das, was zu Lebzeiten erfahren und erworben wurde. Davon vermag sie sich nicht vollständig zu lösen. Diese Abhängigkeit zwingt sie zurück in die Existenz, die nach buddhistischer Auffassung im wesentlichen Kummer und Leid bedeutet. Nach dieser Phase, jener ungenutzt gebliebenen Gelegenheit zur Erlösung, steigt die Seele ab in immer bedrohlicher werdende Traumwelten. Aus den Labyrinthen findet nur heraus, wer den Anleitungen des Totenbuchs folgt.

Dieser Gang wird geschildert als Abstieg in die Hölle, durch unermeßliche Zeiträume, durch extreme Hitze und Kälte. Das Bewußtsein wird verschlungen von wilden Bestien oder in Feuern verbrannt, kommt aber später schlagartig wieder zurück, um sich einer Reihe äußerst schwieriger Prüfungen zu unterziehen. Die Prüfungen sind metaphorischer Ausdruck für Verwesung und Läuterung des verstorbenen Leibs und für die Schöpfung eines neuen Körpers aus dem »Rohmaterial« tiefsitzenden Verlangens. Der *bardo*-Prozeß gipfelt schließlich im Empfangenwerden durch die künftige Mutter und in der Wiedergeburt. Die im Höllendurchgang gemachten Erfahrungen entsprechen einerseits dem individuellen, von Bedürfnissen diktierten Lebensweg, andererseits aber auch der kosmischen und menschheitlichen Entwicklung in sozusagen kondensierter Form. In dieser Hinsicht ist das *bardo* exemplarische Wirklichkeitserfahrung als Lehrgang.

Buddhistischer Glaube steht dem modernen westlichen Denken mit seiner absoluten Wertschätzung weltlicher Existenz diametral entgegen. Für Buddhisten ist die natürliche Welt ein Gefängnis von erstickender Enge im Vergleich zu jenen höheren, spirituellen Dimensionen, die Befreiung gewähren. Ziel der Reinkarnation ist das Freiwerden von menschlichem Verlangen und somit die Überwindung des Zwanges zur Reinkarnierung. Die buddhistische Lehre bereitet die Lebenden auf den Tod vor und die Toten auf ihre Wiedergeburt. Darin gleicht sie anderen Religionen, insbesondere den ägyptischen und griechischen Mysterien (siehe Kapitel 2 und 5).

Von großer Übereinstimmung mit den geschilderten *bardo*-Stationen sind die Aussagen derer, die über Nahtod-Erfahrungen berichten (»near-death experiences«). Viele sprechen von einem weißen Licht, von der Trennung der Seele vom Leib und von einem Aufstieg in höhere Zonen.

Während ihrer körperlosen Phase kehrt die Seele zum Ursprung der Schöpfung zurück und rekapituliert den gesamten Evolutionsprozeß in Vorbereitung auf ihre Wiedergeburt. In den neuen Körper hineingeboren, vergißt sie die Erfahrungen und Lehren aus den vorangegangenen Existenzen wie auch jene, die im Durchgang durch die *bardo*-Etappen gemacht wurden. Nur in früher Kindheit, kurz vor dem Tod oder in außergewöhnlichen Lebensumständen können entsprechende Erinnerungen ins Bewußtsein durchdringen.

Der fortlaufende Kreislauf von Geburt, Tod und Wiedergeburt findet seinen symbolischen Ausdruck im Schicksalsrad *Samsara*; in ihm lernt die Seele auf ihrer Suche nach Vervollkommnung viele Seinsaspekte kennen. Manche vertreten die Auffassung, daß es der Zweck dieses Initiationsprozesses sei, die Seele in jenen göttlichen Zustand zurückzuversetzen, den sie mit der Geburt verloren habe.[5] Erlösung bedeutet, aus der Notwendigkeit, immer wieder neues Leben anzunehmen, endgültig entlassen zu sein. Menschen, die Nahtod-Erfahrungen bezeugen können, stellen häufig fest, daß sich ihr Leben und ihre Weltanschauung grundlegend verändert haben, daß sie nunmehr gesteigerten Wert auf Spiritualität legen. In gleicher Weise wirken die *bardo*-Etappen auf die Seele ein. Von ähnlicher Auswirkung ist auch die Lehrtätigkeit der sogenannten Bodhisattvas (»derer, die für die Erleuchtung bestimmt sind«); aus Mitgefühl für die leidenden Menschen stellen sie die eigene Befreiung zurück, um anderen Erleuchtung zu bringen.

In seinem Kommentar zu dem von Evans-Wentz herausgegebenen *Tibetischen Totenbuch* verweist Carl G. Jung auf die psychoanalytische Deutung des *bardo*-Prozesses in Übereinstimmung mit der Freudschen Erforschung vorgeburtlicher und frühkindlicher Bewußtseinsinhalte. Diese Parallele ist

[5] Evans-Wentz, a. a. O., S. xii.

durchaus angemessen, insbesondere im Hinblick auf das von Freud diagnostizierte Primat der Sexualität einerseits und auf die vorrangigen *bardo*-Lehren andererseits, die bei Nichtbeachtung der Seele in Aussicht stellen, von sexuellen Visionen beherrscht zu sein (welche letztlich zur Wiedergeburt führen). Je stärker die Seele den Instinkt-Sphären des Lebens verhaftet bleibt, desto tiefer hinab führt der Weg durch die *bardo*-Höllen; der Ausgang, die Reinkarnation, reflektiert die Besessenheit von Begierden. Dem entspricht nach Jungs Auffassung die Lehrmeinung einiger westlicher Psychologen, die das Unbewußte negativ bewerten und es ausschließlich auf die Person beziehen, anstatt die Seele sowohl persönlich als auch universal zu betrachten. Er rät darum den Lesern des Westens, das Totenbuch von hinten nach vorn zu lesen, das heißt: mit dem Abschnitt der Wiedergeburt beginnend, zurück bis zum Eintritt des Todes.

Der Prozeß, wonach die inkarnierende Seele die Auswahl eines neuen Körpers vollzieht, ist äußerst komplex. Der heranwachsende Embryo trägt ein genetisches Erbgut in sich, welches der Seele gewissermaßen als Rohmaterial zur Formung vorliegt. Je spezifischer die Spuren des Karma beziehungsweise die noch ungelösten Aufgaben des alten Lebens sind, desto stärker ist die Hinwendung zur neuen Verkörperung und entsprechend schwierig die Erlangung von Freiheit. Zum besseren Verständnis für die Menschen des Westens läßt sich »Karma« auch als »psychisches Erbe« umschreiben, das sich aus bestimmten charakterlichen Anlagen zusammensetzt. Zu diesem Erbe zählt Jung außerdem die *Archetypen des kollektiven Unbewußten*; damit bezeichnet er universale Gedankenmuster, die jenseits ethnischer oder familiärer Erbfolgen liegen und die Grundlage der menschlichen Psyche konstituieren. Aus dieser Sicht erweist sich die tibetische Philosophie als bedeutungsvoll sowohl für die westliche Psychoanalyse als auch für die Erforschung genetischer Abläufe.

Weltzeitalter

Nach buddhistischer Kosmologie vollziehen sich im kleinsten, individuellen wie auch im größten, interplanetaren Maßstab die gleichen zyklischen Prozesse. Auch die Geschichte läuft periodisch ab; die Intervalle reichen von einer Fünftel Sekunde über die *Yugas* (Menschheitsalter), in Zehntausenden von Jahren bemessen, bis hin zu den *Mahayugas* (den großen Zeitaltern des Universums), die jeweils Hunderte von Millionen Jahre währen. Jedes Weltzeitalter ist ähnlich strukturiert wie der Ablauf eines Menschenlebens, beginnend mit Empfängnis und Geburt und endend mit dem Tod. Daß sie von Mal zu Mal an Dauer abnehmen, reflektiert den Rückgang allgemeiner Lebensqualität. Im ursprünglichen Goldenen Zeitalter lebten Menschen Tausende von Jahren, während im jetzigen Zeitalter, dem sogenannten *Kali-Yuga*, das individuelle Leben nur kurze Zeit währt, weil es von Krankheit und Dekadenz geprägt ist. Nach Ablauf des *Kali-Yuga* wird das Universum in einem großen Feuer, dem *Pralaya*, zerstört werden, um Platz zu machen für eine neue Welt.

Vor dem Hintergrund solch enormer Zeitzyklen erscheint die Lebensfrist des Menschen denkbar gering. Der Wunsch nach ewigem Leben widerspricht dem Denken eines Buddhisten oder Hinduisten, der vielmehr darauf hofft, vom Zwang zur Reinkarnation, vom Elend der Existenz befreit zu werden und vom Schicksalsrad abspringen zu können. Das Verhaftetsein am leidvollen Leben wird nach ihrer Auffassung vergolten mit der Aussicht auf Erlösung. Diese Lebensphilosophie, die materielle Habe gering und das Spirituelle um so höher erachtet, ist geradezu die Umkehrung unseres Denkens. Dies ist der Grund, warum es wichtig ist, daß wir sowohl östliche als auch westliche Philosophien und Psychologien verstehen und anerkennen.

5
Griechische Mysterien

Gegrüßet sei, der den elenden Kreis durchbricht
und so, geläutert, wieder Luft des Himmels atmet!
Orphische Begräbnistafel

Die Philosophie der griechischen Antike war integraler Bestandteil ihrer Religion. Man geht allgemein davon aus, daß Orpheus der Gründer der griechischen Theologie, Wissenschaften und Künste war sowie der Initiator jener ersten Mysterienkulte, die den Glauben an die Reinkarnation inspiriert zu haben scheinen. Es gibt zwar berechtigten Zweifel daran, daß Orpheus tatsächlich gelebt hat; dennoch verkörpert er die griechischen Mysterien, die – und das ist sehr wahrscheinlich – von ägyptischen und hinduistischen Vorbildern abgeleitet wurden. G. R. S. Mead vermutet, daß die ägyptischen, chaldäischen, bacchischen, orphischen, eleusinischen und anderen Mysterienkulte allesamt aus einer Quelle stammen.[1] Dies kann als natürliche und zwangsläufige Folge der indoeuropäischen Völkerwanderung verstanden werden, die im Osten ihren Ausgang nahm und große Teile Europas durchzog, so eben auch die Gebiete des heutigen Griechenland.

Marcilius Ficinus, Arzt und Philosoph der italienischen Renaissance, bezeichnete Orpheus als einen direkten Nachfolger von Zoroaster und der ägyptischen Gottheit Trismegistus (der in Hermes seine griechische Entsprechung hat); er befand ferner, daß die Lehren Orpheus' durch Pythagoras und Platon überliefert wurden. Dem Mythos zufolge entstammte Orpheus, der erste Poet und Sänger, der Verbindung zwischen der Muse Kalliope und Oiagros, einem thrakischen König. Apollo lehrte ihn, die siebensaitige Leier zu spielen, was ihm auf so göttliche Weise gelang, daß seine Musik Menschen, Tiere und Steine, ja sogar die Götter des Himmels und der Unterwelt bezauberte. Doch auch diesen begnadeten Sterblichen verschonte das Schicksal nicht. Auf der Flucht vor einem heimtückischen Verführer wurde seine geliebte Frau Eurydike von einer giftigen Schlange gebissen, worauf sie starb und in den Hades hinabstieg. Orpheus folgte, von Trauer getrieben, und betörte den Gott der Unterwelt mit seinem Leierspiel. Der gab die Verstorbene frei unter der Bedingung, daß sich Orpheus beim Aufstieg in die Welt der Lebenden kein einziges Mal nach seiner geliebten Eurydike umschaue. Als die beiden die Grenze erreichten, konnte sich Orpheus nicht länger im Zaum halten, zumal er am Versprechen des Gottes zweifelte. Kaum hatte er sich umgedreht, wurde Eurydike erneut und endgültig von ihm fortgerissen. Es heißt, daß er entweder vor Gram starb oder von Zeus

[1] Mead, *Orpheus*, S. 153.

durch einen Blitzschlag getötet wurde zur Strafe dafür, daß er die Geheimnisse des Todes aufgedeckt hatte.

Die orphischen Mysterien verbreiteten in Form von heiligen Gesängen Lehren über die Unsterblichkeit der Seele, die im Körper gefangen ist und erst durch dessen Tod frei wird, Einblick nimmt in die Geheimnisse der Zwischenwelt, um anschließend wieder in einen anderen Körper zu inkarnieren. Der Kreislauf beginnt von neuem und setzt sich fort *ad infinitum*. Die Seele verkörpert sich, begeht Sünden, tut Buße unter Bestrafung in der unsichtbaren Welt und kehrt in einen neuen Leib zurück. Die orphizistische Vorstellung von der Seele entspricht dem hinduistischen *Ātman* oder *Purusha*, die jeweils Aspekte des universalen Selbst bezeichnen. Auch das Konzept des *Samsara* findet sich im Orphizismus wieder, und zwar unter der einfachen Bezeichnung »das Rad«.

Orpheus' Leier

Die orphische Kosmologie gleicht der des Hinduismus, insbesondere in bezug auf das System historischer Zyklen, in deren Verlauf das Universum Gestalt annimmt und wieder ins Nichts (das orphische oder kosmische Ei) versinkt, aus dem es hervorgegangen ist. Diese Vorstellung mag als Grundlage für Platons theoretische Weltgeschichte angesehen werden; Hinweise darauf enthält sein Dialog »Timaios«. Hier wie dort wird von einem Volk berichtet, daß im Meer versank (Atlantis). Auf beiden Seiten ist davon die Rede, daß das Universum nach dem siebten Weltzeitalter zerstört und daß am Ende der Zeit einem göttlichen Volk Rettung widerfahren werde.

Nach orphizistischer Auffassung ist die Seele eine Monade

(eine Einheit), die aber über drei verschiedene Medien zur Inkarnation gelangt: über Äther, Luft und Erde. Das ätherische Medium korrespondiert mit der Lichtgestalt der Seele, die in den Sternen ihr Zuhause hat. Die Luft ist gleichsam der Aufenthaltsort für Erinnerungen an vergangene Existenzen, an Tod, Buße und Wiedergeburt. Die Erde ist die Heimstatt des natürlichen Leibes. Da Platon eingeweiht war in die orphischen Mysterien, können wir davon ausgehen, daß seine Beschreibung der Beziehung zwischen den Aspekten der Seele im wesentlichen der orphizistischen Vorstellung entspricht. Der ätherische Körper ist rein immateriell, der Luftkörper teils immateriell, teils materiell; der irdische Körper ist rein materiell, dennoch aber ein Kompositum aus allen drei Erscheinungsformen.

Die Beziehung zwischen den drei Körpern wurde – in Analogie zu Orpheus' siebensaitiger Leier – durch verschiedene mathematische und harmonische Verhältnismaße zum Ausdruck gebracht. Daraus abgeleitet ist die platonisch-pythagoreische Zahlenlehre, die darauf zielt, Welt- und Einzelseele auf ursächliche numerische Proportionen zurückzuführen. Die Zahlen, aus denen nach mystischer Berechnung die sogenannte Apollonleier hervorging, erklären die Entstehung der Natur aus dem Universum und liefern den Schlüssel für den Versuch, die Sphären zu harmonisieren und die Kräfte der Planetenbewegungen in die Weisheit der Seele zu integrieren. Mit Hilfe dieser Techniken kann die menschliche Natur, da sie als Spiegelbild des Universums verstanden wird, mit der göttlichen Natur in Übereinstimmung gebracht werden mit dem Ergebnis, daß der Mensch die kosmischen Kräfte beherrscht. Voraussetzung dafür ist ein Leben nach Vorschrift orphischer Disziplin und Läuterungsrituale, die sowohl die Psyche als auch den Körper berücksichtigen.

Pythagoras, der seine Inkarnationen erinnert

Pythagoras war Philosoph und Gründer eines Geheimbundes, der seine von ägyptischer und orphizistischer Weisheit beeinflußten Lehren vertrat. Sein Name selbst heißt übersetzt: »Der seine Inkarnationen erinnert«. Er war davon überzeugt, daß die unsterbliche Seele durch verschiedene Leben wandert und nach Belieben verschiedene Körper annimmt, mal den eines Tiers, mal den eines Menschen.

Um zur göttlichen Sphäre vorzudringen, bedarf es seiner Vorstellung nach eines tugendhaften Lebens nach den Geboten der Moral, die selbst göttlichen Ursprungs und als deren Weisung zu verstehen sind. Dazu gehören: regelmäßige Gebete, die nichts erbitten; Erfüllung der heiligen Pflichten an den Eltern; Dankbarkeit anderen gegenüber; Keuschheit vor der Ehe; Berücksichtigung der spirituellen Eheverbindung, die mehr ist als ein Zusammenschluß aus sexuellen Gründen; Nächsten- statt Eigenliebe; und Initiation der Kinder in die Mysterien. Denjenigen, die der Priesterschaft beitreten wollten, wurde – ähnlich wie in Indien – empfohlen, zu heiraten und Kinder zu haben, bevor sie sich aus der Welt zurückziehen. Diese Übereinstimmung bestätigt die Vermutung, daß Pythagoras während seines langen Lebens auch Indien bereist hat.

Für Pythagoras und seine Nachfolger gehörte es zu den wichtigsten Aufgaben des Lebens, die *mathesis*, das Wissen der Seele aus voraufgegangenen Existenzen, aufzuspüren, denn sie glaubten, daß das Erinnern dem produktiven Prinzip des ewigen Seelenlebens entspricht, welches die innere Natur der Dinge ausmacht sowie die Essenz des Kosmos und der Mysterien des Todes.

Beim Tod verläßt der Äther- oder Geistleib, der in genau

bestimmten Proportionen aus den vier Elementen (Erde, Wasser, Luft und Feuer) zusammengesetzt ist, den physischen Körper und geht über in die unsichtbare Welt (die dem hinduistischen *Kama-loka* entspricht), wo er seine Schuld aus dem vergangenen Leben abbüßt und eine Läuterung seiner Empfindungen durch Schmerzen erfährt. Wäre die Seele ohne Leib, könnte sie diese Schmerzen nicht empfinden; darum ist für den Akt der Läuterung der Geistleib, der aus der gegenständlichen Welt stammt, unerläßlich. Gelingt es der Seele schließlich, sich auch von diesem Geistleib zu befreien, steht ihr der Weg in den Himmel offen, der sie vom Zwang zur Inkarnation entbindet.

Nach Auffassung von Pythagoras ist für die Reinigung des Ätherleibes nicht zuletzt auch eine angemessene Diät förderlich in dem Sinne, daß sich die Seele schlußendlich befreien kann. Reine, sorgfältig ausgewählte Speisen machen den Körper weniger anfällig für die schädlichen Einflüsse der Welt. Die gleiche Absicht verfolgten das Fasten und die rituellen Waschungen im Rahmen der orphischen Mysterien.

Die Vorstellung, daß der unsichtbare Leib auf die Nahrungsaufnahme durch den natürlichen Körper reagieren könne, mutet seltsam an. Aristoteles verweist in erklärender Analogie auf Kristalle, die, das Licht brechend, die Farben ihrer Umgebung annehmen. So kann sich auch der Geistleib, empfindlich wie er ist, in Form und Farbe wandeln.

Die Seele bleibt über viele Inkarnationszyklen hinweg an physische Leiber gebunden, bis sie schließlich, vollkommen geläutert, den Kreislauf zu durchbrechen vermag. Die Reinigung des Körpers und die der Seele gehen Hand in Hand. Leidenschaftliches Verlangen, das nicht zuletzt auch den Ätherleib beeinflußt, kann nur dann überwunden werden, wenn sich die Sinne auf höhere Ziele ausrichten.

Der Kausalkörper ist auf ewig mit der Seele verbunden und empfänglich für Einflüsse der Gestirne, weil er selbst dem Wesen nach ein Himmelskörper ist. Auch die Seele, selbst kosmischen Ursprungs, reagiert auf die Energien des Kosmos und kann darum als Vermittlerin astrologischer Einflüsse wirken. Der Ätherleib ist nach pythagoreischer Auffassung das »Fahrzeug« der Seele. Es könnte sein, daß der »Wagen« als Tarot-Karte in der großen Arkana-Gruppe auf diese Qualität Bezug nimmt (siehe Abb. 6); er bleibt niemals stehen

Abbildung 6: »Der Wagen« – vorrangige Tarot-Karte

und enthält alle Sinne. Wer erleuchtet ist und sein schicksalhaftes Ziel erkannt hat, nimmt dieses Fahrzeug der Seele in Besitz.

Die grundlegende Lehre der orphischen Mysterien besagt, daß es nötig ist, fortwährend im Leben zu sterben, das heißt, Wünsche und Leidenschaften in Vorbereitung auf das Jüngste Gericht zu überwinden und die Bedürfnisse des Körpers abzulegen, um sie nach dem Tod loszulassen. Über den weiteren Verlauf und den körperlichen Verbleib nach dem Tod entscheidet, welche Tugend zu Lebzeiten hochgehalten wurde. War der Person in erster Linie an praktischer Tüchtigkeit gelegen, so bleibt sie dem natürlichen Leib verhaftet; ging es ihr vielmehr um Läuterung, wird sie hinfort vom Ätherleib beherrscht; Intellektualität und Spiritualität gehören zum Kausalkörper, und reine Kontemplation ist der höchsten Einheit mit Gott zugeordnet. Der vollkommene Mensch hat eine von gereinigten Körpern umschlossene rationale Seele, während den Engelseelen nur der Ätherleib eigen ist.

Aus den spezifischen Reinkarnationsvorstellungen der Orphisten leitet sich der Begriff der Seele bei Pythagoras und Platon ab. Beide waren der Überzeugung, daß der Körper – mitunter auch als Gruft oder Grab bezeichnet – der Seele ein Gefängnis sei. Die so gefangenen Seelen wurden sogar bisweilen als »die Toten« bezeichnet, wohl weil deren körperlicher Einschluß als eine Art Bestrafung angesehen wurde. Im Hinblick auf körperlose Seelen hieß es entsprechend: »Wir leben ihren Tod und sterben ihr Leben«.[2] Der römische Philosoph und Staatsmann Cicero ging in seiner Auslegung dieses Prinzips noch einen Schritt weiter, indem er

[2] ebd., S. 188.

feststellte, daß die Vorfahren glaubten, wir würden zur Strafe für unsere Sünden aus vergangenen Leben in Körper hineingeboren.

Immer wieder wurde unter Philosophen über die fraglichen Zeitabstände im Kreislauf der Reinkarnationen gestritten. Dem Kirchenlehrer Augustinus zufolge gingen die Griechen davon aus, daß es alle 400 Jahre zu einer identischen Konjunktion zwischen Seele und Ätherleib komme; dagegen behaupteten Platon und später auch der römische Dichter Vergil, daß der Zeitraum zwischen zwei Wiedergeburten tausend Jahre betrage.

Pythagoras war angeblich in der Lage, seine vielen früheren Inkarnationen zu erinnern. Diese Gabe, so heißt es, habe ihm sein Vater Merkur verliehen, als er zur Zeit der Argonauten unter dem Namen Ithalides zur Welt gekommen sei. Die nächste Inkarnation erfolgte in Gestalt des Euphorbus von Troja. Als dieser berichtete er von seinem voraufgegangenen Leben, wußte auch noch, welche Gestalten er auf seinem Gang durch die Tier- und Pflanzenreiche angenommen hatte, obwohl seine Zeitgenossen der einhelligen Überzeugung waren, daß die menschliche Seele niemals in einen tierischen Körper zurückkehren könne. Als Hermotimus inkarniert, pilgerte er zur Orakelstätte des Apoll in Didyma (oder zum Junotempel bei Argos). Danach war er ein delischer Fischer namens Pyrrhus und nach wie vor im Besitz seiner Erinnerungen. Schließlich inkarnierte er als Pythagoras. Es wurde sogar vermutet, daß er Alce gewesen sei, eine wunderschöne, leichtlebige Frau, doch dieser durch Porphyrios vermerkte Verweis ist zweifelhaft.

Eleusinische Mysterien und die Stoa

Die eleusinischen Mysterien wurden in Eleusis nahe bei Athen gefeiert und genossen in hellenistischer Zeit überaus großes Ansehen. Im Mittelpunkt des Kults standen Demeter und deren Tochter Persephone, deren Schicksal es war, jährlich vier Monate mit Gott Hades in der Unterwelt zu verbringen, um während der restlichen acht Monate in der Welt der schönen Natur verweilen zu dürfen. Obwohl in erster Linie ein Fruchtbarkeitskult, verwiesen die Mysterien insbesondere auch auf den periodischen Abstieg der Seele ins Höllenreich unter die Herrschaft des dämonischen Königs, der das Leben im Körper symbolisierte. Wie in allen griechischen Mysterien spielten dionysische und orphische Reinkarnationsgedanken auch hier eine wichtige Rolle; so war der Mythos Persephones sinnbildlicher Ausdruck für den schicksalhaften Kreislauf der Seele durch Körper und Unterwelt.

In der griechisch-römischen Welt waren es vor allem die Philosophen der Stoa, die sich mit Fragen der Reinkarnation beschäftigten. Sie hielten die Seele für eine mikrokosmische Entsprechung der Welt; beides, die individuellen Lebensläufe und der zyklische Gang des Universums, wiederholte sich ihrer Auffassung nach in stets identischer Kreisbewegung. So wurde die Menschheitsgeschichte verstanden als periodischer und immer gleich ablaufender Durchgang, geprägt durch dieselbe Folge von individuellen Reinkarnationen und den daraus resultierenden Geschehnissen.

Zum Abschluß eines jeden Weltzeitalters kehren alle Seelen zurück in die göttliche Weltseele, um anschließend den nächsten Kreislauf in Bewegung zu bringen. Gemäß dieser Vorstellung ist das Leben die endlose Wiederkehr des ewig Gleichen – ein Gedanke, der später durch Friedrich Nietzsche aufgegriffen wurde. Der Stoizismus stellt sich dar als äußerst pessimistische Philosophie, die der Seele im Verlauf ihrer permanenten Zirkelbewegung keinerlei Wachstum oder Veränderung zuerkennt. Diese Gedanken wurden mit dem Aufkommen des Christentums weitestgehend verdrängt.

6
Frühe jüdisch-christliche Reinkarnationsvorstellungen

Die semitischen Religionen (Judentum, Christentum, Islam) haben zwar zu verschiedenen Zeiten den Gedanken der Wiederauferstehung angenommen, lehnen aber die Vorstellung von der Reinkarnation generell ab, weil sie die Seele für sterblich halten und glauben, daß mit jedem neuen Menschen eine neue Seele geschaffen wird. Diese Doktrin scheint jedoch weniger einem fundamentalen Glaubensbedürfnis zu entsprechen als vielmehr politisch motivierten Zwecken im Interesse stabiler Herrschaftsverhältnisse.

Die Anhänger der alten hebräischen Religion sahen sich in erster Linie und vor allem als Vertreter eines besonderen, auserwählten Volkes. Die Organisation des gesamten Volkes, traditionell aus 12 Stämmen zusammengesetzt, basierte auf der patrilinearen Erbfolge vom Vater zum Sohn. Identität allein stiftete die Zugehörigkeit zu solchermaßen organisierten Verbänden. Der Begriff der Individualität, so wie wir ihn kennen, war noch nicht entwickelt. So wurden Verfehlungen einzelner der ganzen Sippe oder stellvertretend ihrem Oberhaupt angelastet.

Daß jeder Neugeborene die Seele eines Ahnen verkörpert, ist ein grundlegender Glaube des orthodoxen Judentums und einer von größter Stärke, der besondere Auswirkungen auf die Reinkarnation hat. Sogar der Talmud verweist darauf, daß Adam als David wiedergeboren wurde.[1] Doch von dieser historischen Überlieferung abweichend, verwirft das Judentum die Vorstellung von der Wiedergeburt und dem Kreislauf der Seelen.

Gleichwohl bleibt die Ahnenverehrung ein wichtiger Aspekt der religiösen Tradition. Jahwe war nicht so sehr der Gott des Einzelwesens als vielmehr der der jüdisch patriarchalischen Gemeinschaft. Während ihrer Gefangenschaft in Ägypten wurden die zwölf Stämme Israels entrechtet; um so stärker identifizierten sie sich nach dem Exodus mit den gemeinsamen Vorfahren und ihrem Auftrag als Volk Gottes. Der später in den Büchern des Alten Testaments zum Ausdruck gebrachte Gedanke, daß Gottes Liebe über den Tod hinausreicht, impliziert ein Leben nach dem Tod und die Aussicht auf Wiederauferstehung.

Reinkarnation oder Auferstehung

In den Jahrzehnten und Jahren vor dem Erscheinen Jesu Christi häuften sich die apokalyptischen Schriften, in denen auch Einflüsse solcher Sekten des Nahen Ostens zum Tragen

[1] Walker, *Das geheime Wissen der Frauen*, S. 910.

kamen, die an Reinkarnation und Wiederauferstehung glaubten. Damit setzte sich die geweissagte Vorstellung durch, wonach ein Prophet aus dem hebräischen Volk hervortreten und ein Königreich auf Erden gründen werde, das dem Bereich der Wiederauferstandenen gleiche. Die Juden erwarteten eine allgemeine Auferstehung von den Toten und bereiteten mit ihren Lehren den Boden für die Ankunft Jesu.

Leben, Tod und Auferstehung Christi bilden eines der tiefgründigsten Mysterien überhaupt. Mit großer Wahrscheinlichkeit läßt sich davon ausgehen, daß dieser Mythos einen Zusammenfluß zahlreicher Mythen darstellt, die in jeweils unterschiedlicher kultureller Ausprägung das Thema von Reinkarnation und Auferstehung behandeln. Wichtig ist zu bedenken, daß die damaligen Einstellungen zur Reinkarnation sich grundlegend von dem unterscheiden, was wir uns unter dem heutigen Blickwinkel darunter vorstellen. So zum Beispiel lehrte Christus den Nikodemus, daß niemand in das Reich Gottes gelangen könne, es sei denn, er werde geboren aus Wasser und Geist.[2]

Am dritten Tag nach seinem Tod am Kreuz erschien Christus einigen seiner Jünger; 50 Tage später erfuhren sie zum Pfingstfest in Jerusalem den Heiligen Geist auf sich niederkommen. Die Evangelien berichten übereinstimmend davon, daß sich Christus seinen Jüngern als vom Tode auferstanden offenbarte, ihnen zum Beweis seine Wundmale zeigte, mit ihnen aß und davon sprach, daß er zum Himmel auffahre.[3]

Es ist davon auszugehen, daß Christus nicht in seinem natürlichen Körper, sondern als Geist auferstanden ist. Nach dem Bericht der Apostelgeschichte vernahm Paulus die Stimme Christi, der zu ihm sprach, sah aber nur ein »großes

[2] *Johannesevangelium* 3, 5–6.
[3] Hick, *Death and Eternal Life*, S. 173–5.

Licht vom Himmel«, das er als Zeichen seiner Auferstehung deutete. Worin besteht der Unterschied zwischen Erscheinung und Auferstehung? Zur damaligen Zeit wurde unter Auferstehung allgemein verstanden, daß sich ein Leichnam in fleischlicher Gestalt aus seiner Gruft erhebt. Christi Verschwinden aus der Grabkammer schien diesen Glauben zu bestätigen. Die ersten Berichte von der leeren Grabkammer tauchen allerdings erst 25 Jahre nach der Kreuzigung auf; es mag sein, daß mit ihnen eine Legende geschaffen wurde in der Absicht, den Glauben an die Göttlichkeit Christi zu festigen.

In den nachfolgenden Jahrhunderten, während derer sich das Christentum als religiöse und politische Macht etablierte, kam dem Gedanken der Wiederauferstehung eine überragende Bedeutung zu. Der frühe Kirchenvater Origenes (185 bis 254 n. Chr.) vertrat den Glauben an Reinkarnation und Seelenwanderung. Er war der Überzeugung, daß Seelen, durch Siege oder Niederlagen in früheren Leben motiviert, zur Welt kommen. Solche Vorstellungen sind charakteristisch für die gnostischen, platonischen und orphischen Strömungen innerhalb des Christentums.

Origenes' Lehren wurden schließlich rund 300 Jahre nach seinem Tod auf dem Zweiten Konzil von Konstantinopel (553 n. Chr.) für heidnisch erklärt und verboten.[4] Der oströmische Kaiser Justinian wies den Reinkarnationsglauben verbindlich zurück und ließ durch seine Bischöfe erklären: »Jeder, der die mythische Lehre von der Präexistenz der Seele und die daraus folgende wunderliche Ansicht von ihrer Wiederkehr unterstützt, sei mit dem Kirchenbann belegt.« Justinian unterstützte damit die materialistische Auffassung, daß

[4] Campion, *The Great Year*, S. 294.

das Versprechen eines Himmelreichs auf Erden wörtlich zu verstehen sei, und verlieh ihr Macht. Diese Lehre wurde von der Geistlichkeit popularisiert, die auf solche Weise ihre zeitliche Macht zu mehren hoffte.[5]

Der überlieferte Reinkarnationsbegriff wurde während dieser Zeit zu einer neuen, folgenreichen Bedeutung umgewandelt – weg von der platonischen Vorstellung einer unsterblichen Seele und hin zum Glauben an die Wiederauferstehung des Körpers. Das Besondere an dieser Auffassung ist die kraft göttlicher Intervention bewirkte Erweckung des ganzen Individuums im Unterschied zu der Annahme, daß die unsterbliche Seele wiederholt in einen neuen Körper inkarniert.[6] Die christliche Lehre entspricht somit der patriarchalischen Weltsicht, wonach Gott den Menschen als sterbliches Wesen erschaffen hat, sich aber durch dessen Bitten erweichen läßt, ihm ein Leben über den Tod hinaus zu gewähren. Die Geschichte des Christentums belegt, daß sich diese Besonderheit vom spirituellen Denken entfernt und hinbewegt auf eine zunehmend materialistische Philosophie.

Das zweite Kommen Christi

Das zweite Kommen Christi wurde verstanden als die Erweckung aller Toten zum Auftakt eines messianischen Zeitalters. Dieser Auffassung zufolge würden die Toten in leiblicher Gestalt aus den Gräbern hervortreten und ihren jeweiligen Platz in der Welt wieder einnehmen. Darum lehnen Katholiken die Feuerbestattung bis heute prinzipiell ab. Es scheint vergessen, daß in der biblischen Auferstehungs-

[5] Hick, *Death and Eternal Life*, S. 298.
[6] ebd., S. 180.

geschichte von einem Gewand aus Licht die Rede ist und nicht etwa von der Wiedererweckung des natürlichen Leibes. Im Zuge des zweiten Kommens soll Gericht gehalten werden über die Toten, deren Rettung von ihrer Rechtschaffenheit und Rechtgläubigkeit zu Lebzeiten abhängt. In dieser Vorstellung gründet die christliche Morallehre.

Während sich das zweite Jahrtausend nähert, erwarten viele die zweite Ankunft Christi, das von Johannes prophezeite Ende der Welt, das Jüngste Gericht und die Wiederauferstehung der Gerechten. Dem Reinkarnationsglauben steht diese doktrinäre Aussicht auf Belohnung beziehungsweise Bestrafung nach dem Tod diametral entgegen. Danach sind alle Seelen als entweder gut oder schlecht gekennzeichnet, und nur die guten Seelen erstehen wieder auf. Die Vorstellung der möglichen Läuterung durch Reinkarnation wurde selbst als übel gebrandmarkt. Da sie auch die Existenz einer Tierseele leugnet, hat diese Lehre zu der Überzeugung geführt, daß der Mensch die Krone der Schöpfung und somit dem Tier überlegen sei – einer der am meisten zerstörerischen Einflüsse des Christentums.

Was den Gedanken der Reinkarnation angeht, so sind im Kontext des Christentums noch viele grundsätzliche Fragen zu klären, zumal eine große Anzahl seiner Anhänger in der einen oder anderen Form am Reinkarnationsglauben festhält. So wirft die Leugnung der unsterblichen Seele die Frage auf, wie denn Neugeborene beseelt werden. Im übrigen tritt der fundamentale Unterschied zwischen westlichen und östlichen Glaubensvorstellungen an dieser Stelle besonders deutlich zutage. Östliche Religionen führen die Umstände, in die ein Mensch hineingeboren wird, auf dessen Karma zurück, das er im Verlauf seiner vielen voraufgegangenen Leben erworben hat, während den westlichen Glauben ein Verständnis von

Schicksal prägt, das sich dem Willen eines allmächtigen und allwissenden Gottes fügt.

Nach östlicher Weltanschauung übernimmt jeder einzelne Mensch Verantwortung für sein Leben und für die Nutzung der Möglichkeit, dieses Leben zu transzendieren. Nach westlicher Vorstellung ist allein Gott dafür verantwortlich, was uns in letzter Konsequenz aus der Notwendigkeit entläßt, Rechenschaft abzulegen über unser Tun. Die Aussicht auf »Vergebung der Sünden« und insbesondere das katholische Sakrament der Buße und Absolution begünstigen die Tendenz zur moralischen Unverbindlichkeit, die sündhaftes Verhalten entschuldigt oder stillschweigend duldet. Es sei dem Urteil des einzelnen überlassen, welche Sichtweise er oder sie für angemessener hält.

7
Das theosophische Modell der Reinkarnation

Reinkarnation kann in Träumen, Visionen, Halluzinationen, in Trance oder im Zustand hypnotischer Regression erfahren werden. Entscheidend für die Qualität der Erfahrung ist die Bewußtseinsstufe, die der Erfahrende erreicht hat. Ein hoch entwickeltes Bewußtsein wird sich an Existenzen als hochstehendes Wesen erinnern, an niedere Seinsformen das, welches weniger hoch entwickelt ist. Der karmische Mechanismus – und als solcher ist er zu verstehen – setzt, um wirken zu können, eine Vielzahl unterschiedlicher Bewußtseinsstufen voraus. Wir erfahren unser karmisches Leben in der Ausrichtung auf seine je eigene Bestimmung und Schwere. Manchmal können wir davon berichten, mitunter auch nicht. In jedem Fall erkennen wir, daß es nötig ist, darauf einzugehen.

Es gibt viele Bewußtseinsstufen. Der Kontakt mit anderen Bewußtseinszuständen verleitet dazu, höhere Bewußtseinsstufen für besser zu halten – eine Annahme, die häufig falsch ist. Für eine Deutung der Reinkarnationserfahrungen kommt es lediglich darauf an, ihre Bedeutung zur Kenntnis zu nehmen. Eines der bekanntesten Modelle zur Beschreibung der verschiedenen Bewußtseinsstufen ist jenes esoterische Modell, das auf Platon und Pythagoras zurückgeht. Es ist in variierter Form von Theosophen wie Alice Bailey, Rudolf Steiner oder Edgar Cayce übernommen worden. Nach diesem Modell setzt sich das Individuum aus mehreren Körpern zusammen, unterschieden nach dem Grad der stofflichen oder spirituellen Beschaffenheit. Verschiedene Modelle unterscheiden sich hauptsächlich in der Anzahl der unterschiedenen Körper voneinander. Die viergliedrige Unterteilung spezifiziert einen physischen, einen emotionalen, einen mentalen und einen spirituellen Körper (siehe Abb. 7). Oft werden auch noch weitere Unterteilungen vorgenommen oder höhere Bewußtseinsstufen hinzugefügt, die bis zur Einheit mit Gott führen, hier dargestellt in den Stufen 5 bis 7.

Jeder Mensch besteht vollständig aus allen Komponenten, die jeweils eigene Funktionen zu erfüllen haben und auf ihre Art begrenzt sind. Wir nehmen die gegenständliche Welt über den physischen Leib wahr, Gefühle über den emotionalen Körper beziehungsweise Astralkörper, Gedanken über den mentalen und die höhere Wirklichkeit über den spirituellen Körper. Die zur Kennzeichnung der einzelnen Körper verwandten Begriffe variieren von Schule zu Schule.

Alle vier Körper kommen ins Sein und verschmelzen im Verlauf der Schwangerschaft zu einer Einheit. In bestimmten Lebenssituationen sind jedoch ihre jeweiligen Einflüsse zu spüren; sie reflektieren archetypische Stationen menschheitlicher Entwicklung. Zunächst identifizieren wir uns mit dem physischen Leib; danach entwickeln wir einen emotionalen

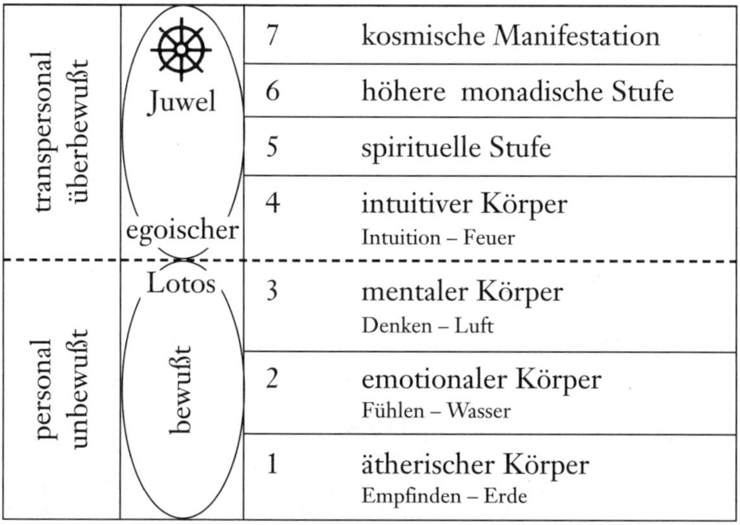

Abbildung 7: Das Vierkörper-Modell. Der traditionellen Gliederung sind drei höhere transpersonale Seinsstufen hinzugefügt.

Körper als Ausdruck unserer Persönlichkeit, dann mit dem Spracherwerb einen mentalen Körper und schließlich einen spirituellen Körper, indem wir einsehen und verstehen lernen, daß es jenseits unserer persönlichen Realität eine übergeordnete Welt gibt. Jeder dieser Körper beeinflußt einen jeweils anderen Aspekt unseres Daseins, gleichzeitig bedingen sie einander. Welchem Körper welche Bedeutung beigemessen wird, entscheidet über unseren Charakter, über das, was wir in unserer Lebenspraxis wertschätzen oder ablehnen, und bildet unser Karma aus.

Jeder Körper hat eine relative Dichte. Deren Grad nimmt ab in der Reihenfolge: physischer, emotionaler, mentaler, spiritueller Körper. Je dichter der Körper, desto geringer ist sein Freiraum. Physikalische Gesetze sind zwingender und enger gesteckt als die »Gesetze« des Fühlens oder Denkens. Wir können zwar nicht fliegen, sind aber durchaus zu einer Vorstellung davon in der Lage. Manche von uns drücken sich vor allem über Ideen und Gedanken aus, andere hauptsächlich über den physischen Körper; aber wir alle werden, so wie wir sind, gebraucht, damit die Welt existieren kann.

Der physische Körper

Der physische Körper ist der Zeit und den Naturgesetzen unterworfen. Er wird während der Schwangerschaft geschaffen und reinkarniert auf zweifache Weise: Zum einen interagiert er mit seiner Umwelt, indem er über komplexe chemische Prozesse aus Nahrung und Sauerstoff Energie aufnimmt; zum anderen reproduziert er sich selbst. Wir entnehmen unserer Umwelt Sauerstoff und Nahrung, die unseren Körper mit Energie und chemischen Rohstoffen versorgen. Manche Teile unseres Körpers nutzen ab und werden ersetzt; unsere Körpersysteme, zusammengesetzt aus Drüsen, Organen, Knochen und dergleichen, haben eine kürzere Lebensdauer als ein menschliches Leben. Haare fallen aus und wachsen nach, Organe erneuern sich, aber nur bis zu einem gewissen Punkt. Die dauerhaftesten Zellen enthält das Gehirn; sie bleiben auf Lebenszeit erhalten. Alle physiologischen Funktionen stehen im Austausch mit der Umgebung und hängen ab von verfügbarer Luft, Energie und Nahrung.

Dem Wachstum und der Erneuerung stehen Prozesse des Verfalls gegenüber. Sind die Erneuerungskräfte stärker als die des Verfalls, so ist der Körper gesund. Überwiegen aber die Kräfte des Verfalls, folgt zwangsläufig Krankheit oder gar Tod. Der Gesundheitszustand wird beeinflußt durch die Qualität von Umwelt und Immunsystem, dessen Aufgabe es ist, das Innere vor äußeren Einflüssen zu schützen und die Erneuerungskräfte zu bewahren. Unreine Kost, Gifte, Luftverschmutzung, Pestizide, saurer Regen, nukleare Verseuchung und dergleichen mehr beeinträchtigen unseren Körper, indem sie unsere Organe angreifen und das Immunsystem belasten.

Der physische Körper ist so beschaffen, daß er sich selbst bei bester Gesundheit erhält. Atmung, Blutzirkulation, Verdauung usw. funktionieren aus eigenem Antrieb; sie bedürfen unserer bewußten Mitwirkung nicht. Mit anderen Worten: Sie laufen unbewußt und automatisch ab.

Äther- und Astralkörper

Im Zuge der Reproduktion wird genetisches Material von den Eltern an das Kind weitergegeben. Erbliche Charakteristika wie äußere Erscheinungsmerkmale, Verhaltensarten und emotionale Grundmuster bleiben oft über viele Generationen in der Verwandtschaft erhalten. Allgemein läßt sich sagen, daß alle Menschen den gesamten Evolutionsprozeß in sich tragen, der zurückgeht auf das erste Leben unserer Art.

Genetische Vererbung und Umwelteinflüsse wirken zusammen und bilden während der Schwangerschaft einen lebendigen menschlichen Organismus heran. Eine Reihe von Körpern tritt ins Sein, wovon ein jeder seine bestimmte Funktion zu erfüllen hat (siehe Abb. 8).

Bei der Empfängnis vereinigt sich der spirituelle Keim mit dem Erbgut zur Hervorbringung des Zellkörpers. Nach etwa vier Wochen kommt eine Verbindung zustande zwischen dem

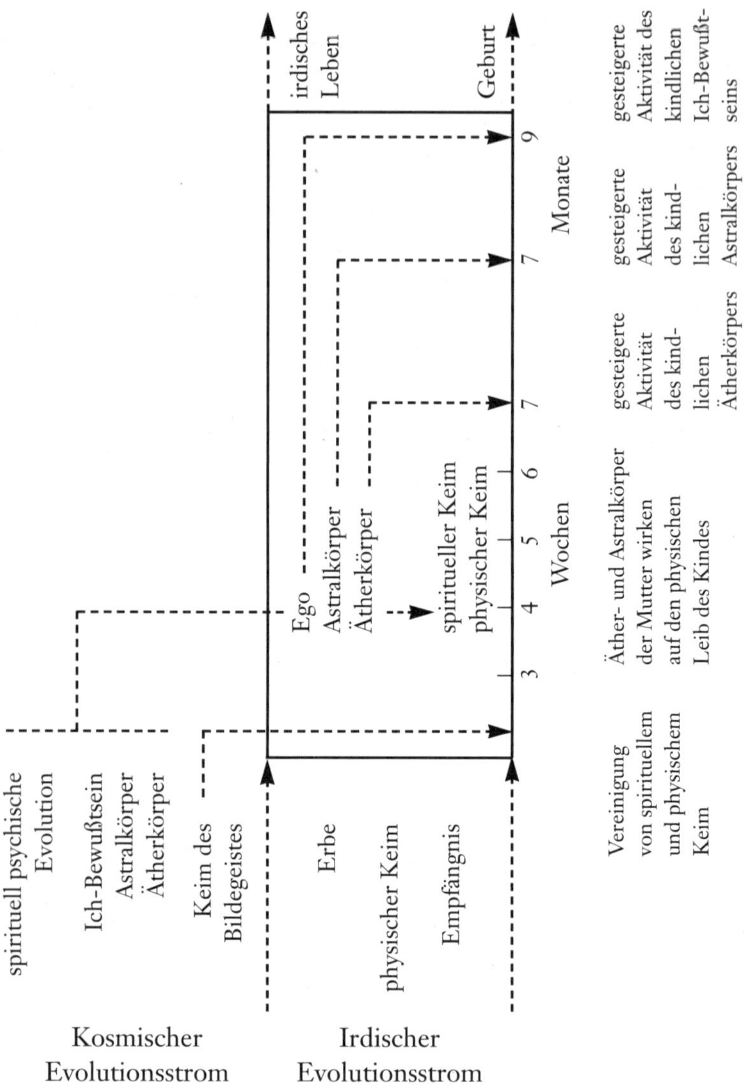

Abbildung 8: Phasen embryonalen Lebens

Ätherkörper, der die physischen und formativen Prozesse des werdenden Ich gestaltet, und dem heranwachsenden Embryo, das seine Instruktionen von der Umwelt erhält.[1]

Der Ätherkörper führt das Embryo durch eine Reihe von phylogenetischen Entwicklungsstufen – vom einzelligen Organismus bis hin zum Menschen unserer Zeit. Er trägt unser instinkthaftes Sein; dazu gehören biologische Funktionen wie die Formation der Organe, die Reproduktion, der Stoffwechsel und nicht zuletzt der Überlebenstrieb.

Kurz vor der Geburt verbindet sich der aus planetarischen und stellaren Bereichen stammende Astralkörper mit den anderen Körpern und schafft die Grundlage für Bewußtsein und Persönlichkeit. Äther- und Astralkörper spielen im ersten Lebensabschnitt eine vorrangige Rolle, nehmen mit den Jahren an Bedeutung ab und verlieren schließlich ihre formierende Einflußkraft während der Pubertät fast vollständig.

Der emotionale und der mentale Körper

Die im Verlauf unseres Lebens besonders maßgeblichen Körper sind der emotionale und der mentale. Der emotionale Körper – während der Kindheit erschaffen und durch die Persönlichkeit ausgebildet – vermittelt unser Verhalten und Selbstbild. Er enthält alle erlernten Reaktionen auf die familiäre Umgebung, die uns anerzogenen Wertvorstellungen, die Art, wie wir unsere Gefühle ausdrücken, sowie die subpersonalen Komponenten unseres Selbst. Traumatische Erlebnisse in der Kindheit, die laut Freud unsere Psyche in besonderem Maße prägen, sind im emotionalen Körper verwurzelt und

[1] Jocelyn, *Citizens of the Cosmos*, S. 25–27.

können durch bestimmte auslösende Ereignisse wieder wachgerufen werden. Der emotionale Körper umhüllt und durchzieht die niederrangigen Körper und übt Einfluß auf diese aus.

Der mentale Körper entsteht während der geistigen Reifung aus unserer Art zu denken, aus unseren Vorstellungen von der Welt, aus dem, was wir für wahr halten, und aus unserer Kommunikation mit anderen, durch die er fortlaufend und nachhaltig beeinflußt wird.

Die Körper höherer Ordnung

Der intuitive oder spirituelle Leib transzendiert die anderen Körper, die im wesentlichen persönlichkeitsbildend sind. Er steuert unseren Übergang von der personalen hin zur transpersonalen Ebene. Der spirituelle Körper verkörpert das uns eigene Christus-Bewußtsein beziehungsweise die Buddha-Natur.

Die Körper höherer Ordnung existieren als Seinsformen, die jenseits aller weltlich individuellen Erfahrung liegen und in den Bereichen des reinen Geistes angesiedelt sind. Darin kommt die Seele in Kontakt mit den höheren Intelligenzen des Universums, die dem Brahman, Vishnu und Shiva im Hinduismus entsprechen, der Buddha-Natur im Buddhismus, dem Heiligen Geist im Christentum oder den Engelssphären anderer Religionen. Die Seele sehnt sich nach Rückkehr in diese Bereiche, wo sie zur Wiedervereinigung mit dem Göttlichen findet. Tibetische Buddhisten verstehen die materielle Welt nicht als wahre Reflexion des Göttlichen, sondern vielmehr als eine Illusion, hervorgerufen durch die Inkarnierung des Geistes in einen Körper.

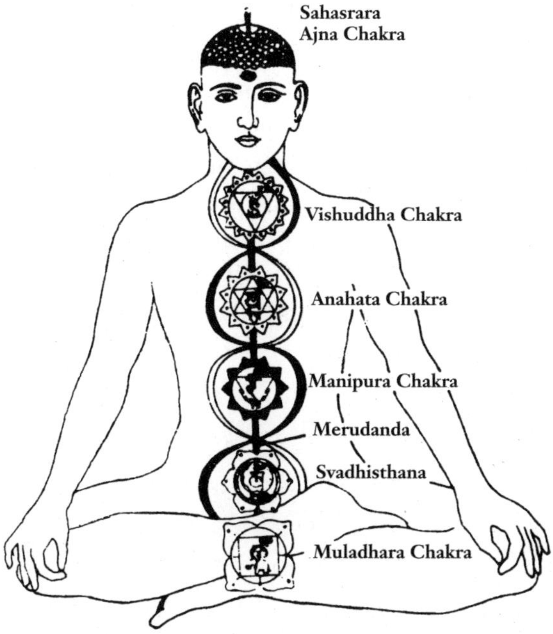

Abbildung 9: Die Chakren

Die Körperfolge wird oft dargestellt am Bild der sieben Chakren, die, als Energiezentren an der Wirbelsäule gelegen, ihrer Rangordnung nach vom Basis-Chakra bis zum Kronen-Chakra in der Stirn aufsteigen (siehe Abb. 9). Als energiespendende Organe und Pforten zum Bewußtsein sind sie den jeweiligen Seinsstufen zugeordnet. Durch sie werden die Drüsenfunktionen gesteuert. Außerdem beeinflussen sie die Transmutation spiritueller Energie in physisch Seiendes. Die sieben Haupt-Chakren finden ihre äußere Entsprechung in den Planeten oder jenen kosmischen Strahlen, die die Energien der Planeten auf eine esoterische Ebene tragen.

Obwohl jeder Mensch alle vier Körper besitzt, unterscheidet sich von Person zu Person, in welchem Ausmaß diese wahrgenommen, akzeptiert und genutzt werden. Es gibt eine offensichtliche Hierarchie vom Dichteren zum Feinstofflicheren, vom Materiellen zum Spirituellen. Welchem das Hauptaugenmerk gewidmet wird, bleibt der Wahl des einzelnen überlassen. Die wahre Bedeutung von Reinkarnation liegt unter anderem in der Feststellung dessen, was für das vergangene, gegenwärtige und zukünftige Leben von Bedeutung war, ist und sein wird.

8
Rudolf Steiner und karmische Zusammenhänge

> Siehe das Feuer, siehe den Rauch; was der Mensch durch sein spirituelles Tun in Feuer verwandelt, sind die Geister, die er durch seinen Tod befreit.
>
> *Bhagavad Gita*

Rudolf Steiner (1861 bis 1925) hat ein einzigartiges Werk geschaffen, das auch Jahrzehnte nach seinem Tod in der anthroposophischen Bewegung weiterlebt. Er nutzte seine ungewöhnlichen Fähigkeiten psycho-spiritueller Beobachtung, um im Rahmen seiner geisteswissenschaftlichen Methoden (er sprach auch von »spiritueller Wissenschaft«) alte und neue Bereiche der Natur und der Psyche zu ergründen. Daraus resultiert eine umfassende Weltanschauungslehre, die auch so unterschiedliche Disziplinen wie Architektur, Medizin und Landwirtschaft miteinschließt.

Beeinflußt wurde Steiner insbesondere von Goethe. Dessen Theorie der pflanzlichen Metamorphose, die den Anstoß gab für Steiners Betrachtungen über die Metamorphose des Bewußtseins, liegt der Gedanke zugrunde, daß das Samenkorn die »zusammengefaltete« Essenz der künftigen Pflanze enthält und daß das Leben dieser Pflanze die Entfaltung ihrer Anlage ist, modifiziert durch Einflüsse der Umwelt. In vielerlei Hinsicht greift diese Theorie voraus auf Erkenntnisse der modernen Genforschung. Der Gedanke des Aufstiegs, wonach sich der kontinuierliche Bildungsverlauf natürlicher Lebensformen im je Individuellen vollzieht, weist bereits hin auf Jungs Begriff des kollektiven Unbewußten. Auch Steiner übernahm diese Vorstellung.

Im Laufe seines dramatischen Lebens (dessen letzter Abschnitt bereits von den unheilvollen Vorboten der nationalsozialistischen Diktatur überschattet war) widmete er sich ganz der Grundlegung seiner »Geisteswissenschaft«, in der die Reinkarnation eine zentrale Stelle einnimmt. Steiner erkannte, daß die wahre Geisteswissenschaft von den materialistisch-mechanistischen Wissenschaften seiner Zeit verdeckt worden war, und formulierte jenen Gedanken, der unter heutigen Physikern geradezu ein Gemeinplatz geworden ist: daß das Universum weniger einer großen Maschine als vielmehr einem großen Gedanken ähnlich sei. Im krassen Widerspruch zu den Auffassungen zeitgenössischer Wissenschaftler war Steiner der Überzeugung, daß der Gedanke als solcher nicht etwa zufälliger Begleitumstand, sondern Schöpfer und Beherrscher der Materie ist. Er arbeitete darauf hin, die beherrschenden psycho-spirituellen Gesetze und Rhythmen offenzulegen, die die Grundlage des Lebens bilden und den Schlüssel liefern zum Verständnis unserer universalen Bestimmung.

Das hinduistische *Ātman* in seiner Bedeutung als »Geistmensch« ist für Steiner das Grundprinzip der Reinkarnation. Physische Phänomene sind nach seiner Auffassung lediglich der Ausdruck spiritueller Taten; die sich uns in materieller Gestalt zeigenden Lebewesen sind äußere Hüllen geistiger Wesen beziehungsweise Reflexionen des *Ātman*. Um zu einem tieferen Verständnis von naturhaften Prozessen, Gegenständen oder Lebewesen vorzudringen, gilt es, die ihnen zugrunde liegenden aktiven geistigen Prinzipien zu erforschen. Steiner verstand Reinkarnation als einen primären Mechanismus, dessen sich bewußt werden muß, wer die universalen Gesetze verstehen und danach handeln will. Der gleichen Ansicht waren unter anderem so große Denker wie Goethe, Nietzsche, Wagner, Emerson oder Montaigne, und zwar trotz des entschiedenen Widerspruchs von seiten der christlichen Kirche und des wissenschaftlichen Establishments.[1]

Im Unterschied zur orientalischen Vorstellung von Reinkarnation, der zufolge das *Ātman* in kreisend wiederkehrender Bewegung die Inkarnationen vollzieht, sah Steiner einen spiralförmig aufsteigenden Prozeß am Werk, der zwar ebenfalls Wiederholungen durchmacht, dabei aber über Etappen zunehmender Läuterung gleichsam notwendig dem jenseitigen Idealzustand entgegenstrebt. Exemplarischer Ausdruck für diesen Aufstieg in der Entwicklung des Bewußtseins war für ihn die Entstehungsgeschichte des Christentums. Zur Begründung dieses ungewöhnlichen Standpunktes erinnerte er seine Schüler an das Christuswort, das Johannes den Täufer mit dem voraufgegangenen Propheten Elia identifiziert.

Steiner hatte als Heranwachsender zahlreiche Visionen und

[1] Wachsmuth, *Reinkarnation*, S. 11.

Erscheinungen, die er später eingehend prüfte und zum Teil in Frage stellte; gleichwohl wurde sein einzigartiger, von der Warte der geistigen Welt gerichteter Blick auf die materielle Welt zur Grundlage seiner Ideen. Allerdings verabscheute er jede Form von Geisterbeschwörung, und obwohl er anfänglich für kurze Zeit in Verbindung trat mit der Theosophischen Gesellschaft, sah er in deren Methoden und Unternehmungen einen Abfall von der eigentlichen Spiritualität. Enttäuscht über deren Wende zum Okkulten, verließ er den Verein und gründete kurze Zeit später die Anthroposophische Gesellschaft.[2]

Für Steiner war die spirituelle Welt die reale Welt. Er entdeckte eine Art mathematischer Logik, die alle spirituellen Prinzipien durchwirkt. Ausgangspunkt seiner bemerkenswerten Untersuchungen zum Thema Reinkarnation war das kollektive Unbewußte oder richtiger gesagt: die Prinzipien des Karma. Diese begriffliche Unterscheidung ist wichtig, da Reinkarnationen der Seele andere Wege nehmen als die genetische Vererbung; sie können im Unterschied zu dieser von einer Abstammungslinie auf eine andere überwechseln. In gewisser Weise hat Steiner die spirituelle Welt erforscht so wie Freud die des Unter- bzw. Unbewußten, doch statt nach außen war sein Blick vor allem nach innen gerichtet.

Geist in-formiert Materie

Der Geist informiert die Materie und führt den Lebensprozeß durch eine Fülle von natürlichen Transformationen wie den periodischen Austausch der Zellen im Körper, die

[2] Steiner, *Der irdische und der kosmische Mensch*, S. 17.

Zirkulation und Reinigung von Blut und anderen Flüssigkeiten, den Stoffwechsel und die Verdauung. Der biologische Körper erneuert sich alle sieben Jahre nahezu vollständig. Steiner lehrte, daß es weniger darauf ankäme, Aufbau und Funktionsweisen des Körpers zu verstehen als vielmehr das Wirken seines Baumeisters. Baumeister ist der Geist, und dieser wird dem Element des Feuers zugeordnet, denn Feuer markiert die Grenze zwischen der sichtbaren, materiellen und der ätherisch, spirituellen Welt, die das Auge nicht sieht.

Feuer ist das einzige Element, das auch im Innern wahrgenommen werden kann; es ist demnach in doppelter Hinsicht zu betrachten. Antike und moderne Geisteswissenschaft sprechen gleichermaßen vom Feuer als der ersten Stufe des Übergangs von Materie in Seele. Feuer bildet eine Brücke oder einen Durchgang zwischen der äußeren materiellen Welt und der inneren Seelenwelt. Gegenstände der äußeren Welt sind als Lichtreflexionen wahrzunehmen; das Licht selbst ist dagegen nicht erkennbar. Der Durchgang von Wasser zu Luft, zu Feuer und Licht korrespondiert mit dem Weg vom äußerlich wahrnehmbaren zum unsichtbaren, spirituellen Bereich.

Über unsere Gedanken schaffen wir formierende Matrizen, die sowohl unseren physischen Körper bilden als auch unsere feinstofflichen Körper, die nach dem Tod weiterleben. Steiner nannte diese Matrizen ätherische Kräfte, die es während unseres Wachstums unter der Leitung unserer spirituellen Gedankenkraft, unseres Egos, planvoll auszuformen gilt. Diese Kräfte sind verflochten mit unseren Erinnerungen; gemeinsam tragen sie jene kosmische Lebensvorlage, die die karmischen Kräfte unserer Seele konstituieren.

Vom Augenblick der Empfängnis an ist die Seele an einen neuen Leib gebunden, aber gegen Ende der Kindheit, im

Alter von etwa sieben Jahren, befreien wir uns allmählich von der Vorherrschaft des Körpers, während sich dieser auswächst. Die geistige Energie kann sich neuen Aufgaben zuwenden, insbesondere der Ausbildung des Bewußtseins. Jede Kinderkrankheit befördert diesen Prozeß, indem sie die Vorherrschaft des physischen Körpers neutralisiert und das Bewußtsein hervorzutreten zwingt.

Mit dem allmählichen Rückzug der ätherischen Kräfte aus dem Körper geht dessen Alterung und Verfall einher. In gegenläufiger Dynamik wachsen die Bewußtseinskräfte und nehmen die Körperkräfte ab. Wir streben danach, uns mit unserem höherrangigen Körper (der Seele) zu identifizieren, der die Gesetze der physikalischen Welt überschreiten und in höhere Welten vordringen kann. Unser Ätherleib ist zwar individuell, dennoch aber verwoben mit der überindividuellen Gedankenwelt. Das geistig erleuchtete Individuum weiß um die Notwendigkeit, ein Gleichgewicht zu schaffen zwischen den Kräften spirituellen Wachstums und denen des körperlichen Abbaus. Dieses Gleichgewicht ist nach Ansicht Steiners in Übereinstimmung mit Goethe entscheidend für den Erhalt der Gesundheit.

Der Körper spiegelt Psyche und Geist, und auf seine Art reagiert ein jedes Körperorgan auf seelische Vorgänge. Der Magen zum Beispiel reflektiert die »Verdauung« von Emotionen; das Herz ist das Zentrum der Liebe und das Gehirn das Organ des Gedankenlebens. Körper und Geist begleiten sich auf gleichgerichtetem und sich häufig überschneidendem Kurs bis zum körperlichen Tod; von diesem Zeitpunkt an setzt das Geistige seinen Weg nach eigenen Gesetzen fort.

Darüber hinaus sind wir bewohnt von elementaren Wesen (Aspekten unserer niederen Natur), die darauf drängen, durch unsere Handlungen freigesetzt zu werden. Kommt es nicht dazu, bleiben sie in uns bis zum Tod. Nicht alle, aber manche dieser Elementarwesen lassen sich durch bestimmte, einsichtsvolle Taten auf höhere Seinsstufen zurückheben. Jene Elementarwesen, die nicht in höhere Welten zurückzuführen sind, bleiben uns in künftigen Inkarnationen verhaftet. Sie können auch an Gegenstände gebunden sein und diese »beseelen«. Der verstehende Blick, der ihre wahre Natur erkennt, vermag sie aus solchen Gegenständen zu befreien.

Durch Weisheit können wir diese Elementarwesen mit unserem körperlichen Tod loslösen; indem wir uns der Sinneswelt verschreiben, binden wir sie fester an uns und zwingen sie in die Kette unserer Wiedergeburt. In der Zeit des zunehmenden Mondes steigen Geistwesen aus niederen in höhere Sphären auf; nimmt der Mond ab, findet ein entsprechender Austausch statt, damit die Ordnung erhalten bleibt. Vergnügte, fröhliche Menschen befreien immer wieder solche Wesen, die durch den abnehmenden Mond gefesselt werden. Sie treten in diese Menschen wieder ein, werden aber freigesetzt von ruhiger Seelenverfassung und innerer Zufriedenheit. Für jene, deren Seelenstimmung während des zunehmenden Mondes befreiende Wirkung hat, kehren die Geistwesen nach dem physischen Tod in höhere Welten zurück.

Der physische Körper setzt sich aus all unseren materiellen Substanzen und Kräften zusammen und vollzieht die Prozesse des Wachstums, der Erneuerung und chemischen Umwandlung. Der Ätherleib ist der Baumeister des Physischen und regelt unseren Austausch mit den formierenden Einflüssen der Umwelt.

Uns umhüllt des weiteren ein dritter Körper, der sogenannte Astralleib. Die Materie, aus der die Erde zusammengesetzt ist, entstammt den Gestirnen und birgt die Grenzenlosigkeit kosmischer Sphären in sich. Der Astralleib ist Träger all dieser Einflüsse, weist die beiden niederen Leiber in ihre Schranken und sorgt für ein geregeltes Verhältnis zwischen ihnen. Der Astralleib kann verstanden werden als Matrix für die Entwicklung unseres Bewußtseins. Die Einflüsse, die von diesem Leib ausgehen, korrespondieren außerdem mit dem astralen Geschehen und entscheiden über dessen Auswirkung auf unser Leben. In ihnen schwingt das Gesamtbild des Sternenkosmos mit, und gemeinsam bilden sie eine Art interaktives Rückkopplungssystem aus, das wir nutzen können für die Bewältigung unseres Karma.

Die drei Körper und das spirituelle Ego interagieren auf Lebzeit. Dieses Zusammenwirken erklärt die Genese unseres irdischen Daseins. Wenn wir schlafen und der physische Leib ruht, findet der Ätherleib zu sich selbst und zur Gelegenheit der Neuformierung, während der Astralleib gleichsam freischwebend neue Eindrücke aufnimmt von der umgebenden Welt und dem jenseitigen Universum. Wir integrieren diese Leiber durch den Akt der Reflexion mit dem Ergebnis der Vertiefung unseres Bewußtseins. Beides, so Steiner, ist von gleicher Wichtigkeit, nicht nur zu Lebzeiten, sondern auch während unserer Existenz zwischen Tod und Wiedergeburt.

Kosmische Humanität und deren Leitung

Steiner war überzeugt davon, daß die spirituellen Bewegungen seiner Zeit sozusagen ein um eine Oktav höher gespielter Akkord von voraufgegangenen Entwicklungen und Bemühungen sei. Er glaubte zum Beispiel, daß Madame Blavatsky von den Rosenkreuzern des späten Mittelalters inspiriert wurde, aber ebenso wie diese zu keiner angemessenen Beschreibung von Karma und Reinkarnation finden konnte. (In der Tat wurden sie zur selben Zeit nur im tibetischen Buddhismus formuliert.) Darum wandte sie sich, wie Steiner vermutete, der orientalisch geprägten Theosophie zu und verwarf ihre christlichen Glaubensgrundsätze. Steiner hingegen machte sich zur Aufgabe, östliche und christliche Theologien durch seine Vorstellung von Reinkarnation miteinander in Einklang zu bringen.

Steiner erwähnt, daß der Buddha als Maitreya Buddha 5000 Jahre nach Gautamas Leben auf die Erde zurückkehren werde. In der Zwischenzeit würde eine Folge von Bodhisattvas immer und immer wieder auf der Erde erscheinen, aber keiner würde den Rang von Buddha erreichen. Dies ist der höchste Ausdruck von orientalischem Okkultismus und Religion; in dieser höchsten Verheißung der buddhistischen Lehre macht Steiner einen spirituellen Zustrom aus, der das menschliche Bewußtsein heute und in Zukunft zu entwickeln hilft. Über die orientalischen Karma- und Reinkarnationsideen lassen sich nach Steiner die spirituellen Gesetze offenlegen.

Die großen Gestalten der Geschichte, die unser Geistesleben maßgeblich beeinflußt haben, sollten nicht als Persönlichkeiten, sondern vielmehr als Individualitäten angesehen werden, die viele irdische Lebensläufe durchschreiten. Darum rät es sich, jenen Beachtung zu schenken, die in ihren früheren Erdenleben den Weg bereitet haben für noch größere wie Paulus, Raphael, Michelangelo und Leonardo. Beispielhaft sei der Prophet Elia genannt, der verkündete, daß sich auf Erden alles aufgrund eines göttlichen Ego entwickelt, welches aus seinen Strahlen ein individuelles »Ich« bildet und seine

Kraft in der Welt entfaltet. Er, Elia, war ein Herold des aufkommenden Christentums und seiner höheren Prinzipien. Steiner hält für wahr, daß Elia als Johannes der Täufer wiedererschienen ist, dem es als Aufgabe zufiel, Jesus Christus anzukündigen und die Menschen aufzurufen, in ihre Seelen zu blicken, um das Göttliche darin zu finden.

Was Elia und Johannes beseelt hatte, inkarnierte Jahrhunderte später als der Maler Raffael (1483–1521); er wurde am Karfreitag geboren und bezeugt durch sein Werk ein tiefgreifendes Verständnis vom Golgatha-Mysterium. Das zu seiner Zeit in Krisen geratene Christentum feierte er mit überschwenglicher Ausdruckskraft, nicht zuletzt in seinem Fresko *Die Schule von Athen*. In seiner radikalen Deutung dieses Werks weist Steiner darauf hin, daß es nicht wie nach traditioneller Lesart die Gelehrten Griechenlands im philosophischen Wettstreit miteinander zeigt, sondern Paulus in den Mittelpunkt rückt, der vom Ruhm Gottes und von dessen Kreuzestod kündet. Nach Steiners Auffassung gab Raffael durch seine Arbeit dem Christentum neue Impulse, die später unter anderem Goethe stark beeindruckten. Durch Elia, Johannes und Raffael wirkte, so Steiner, dieselbe Seele, die, auf die Auswirkungen zurückliegender Ursachen Bezug nehmend, deren Verständnis zunehmend erhellten. Wiedergeboren wurde diese Seele in Novalis, der durch seine Schriften – von Steiner als »lebendige Theosophie« bezeichnet – die Christusidee wiederauferstehen ließ.[3]

[3] ebd., S. 106.

Reinkarnationsrhythmen

Laut Steiner vollziehen sich die Reinkarnationen großer Seelen in der Abfolge bestimmbarer Rhythmen. Er führte entsprechende Berechnungen durch und ging der Frage nach, welche Ursache diesen Rhythmen zugrunde liegt. In den frühen Phasen der Menschheitsentwicklung lagen Wiedergeburten weit, wahrscheinlich Hunderte oder gar Tausende von Jahren auseinander, was bedeutet, daß die Seele hauptsächlich im Spirituellen eingetaucht war und nur selten am irdischen Leben teilnahm. Im Zuge der allmählichen Befreiung des Menschen aus seiner materiellen Beschränkung zugunsten der Möglichkeit spiritueller Erkenntnisse beschleunigte sich dieser Rhythmus.

Steiner unterscheidet in dieser Hinsicht drei Evolutionsstufen: eine Vorstufe der unentwickelten Individualität, eine Zwischenstufe zunehmender Individualität und eine letzte Stufe, auf der wir uns heute befinden. Hier erfährt sich der Mensch in seiner beschränkten menschlichen Gestalt und sehnt sich, zur Einheit mit den geistigen Welten zu gelangen.

In der Abfolge von Inkarnationen kommen bestimmte Gesetze zum Zuge. Erstens: Die Seele nimmt alternierend mal männliche, mal weibliche Gestalt an. Zweitens: Zur Individuation neigend, ziehen sich ähnliche Seelen gegenseitig an, was zur Folge hat, daß ganze Gruppen gleichzeitig inkarnieren. Als Zeitgenossen in Menschengestalt äußern sie Signale dieser inneren Übereinstimmung und suchen einander, um sich zusammenzuschließen.

Steiner erkannte, daß wir außerdem beeinflußt sind von unserer kollektiven Geschichte, die wir in uns tragen und die über den Ursprung der Erde hinaus zurückreicht in Seinsweisen auf planetarer Ebene.

Drei Erinnerungen

Zeit unseres irdischen Daseins tragen wir drei Erinnerungsstränge in uns. Der erste entfaltet Tag um Tag unser individuelles Bewußtsein. Um es »besitzen« zu können, müssen wir in wachem Zustand sein und unsere Sinne als spirituelle Werkzeuge zur Führung unseres physischen Körpers gebrauchen. Dieses Bewußtsein wird bedingt durch die Regeln und Funktionsabläufe unseres weltlichen Lebens. Wenn wir sterbend in eine andere Seinsweise zwischen Tod und Wiedergeburt überwechseln, verfällt unser Körper, und als Seele und Geist stehen uns andere Werkzeuge zur Verfügung, mit deren Hilfe wir unsere Wesenheit erkennen können. Was wir der Natur schulden, fällt von uns ab; statt dessen tritt unser feinstoffliches, ätherisches Wesen auf den Plan. In diesem Zustand ist unser Alltagsbewußtsein, das wir zu Lebzeiten kultiviert haben, unnütz. Wir haben die Wahl, an einer Verknüpfung unserer Lebenserinnerungen mit dem abgestorbenen Körper festzuhalten oder diese dem Ätherleib anzuvertrauen, der den Tod überdauert.

Während dieser Übergangszeit, in der wir in den Erinnerungen des Ätherleibs leben, sehen wir das gesamte zurückliegende Leben als Tableau vor uns, entsprechend dem Jüngsten Gericht wie in der altägyptischen, tibetisch-buddhistischen oder christlichen Religion beschrieben. Nach Steiners Auffassung sind diese Lebenserinnerungen auf ewig eingeschrieben in den Ätherraum (die »Akasha-Chronik« der Theosophen). Einen Auszug daraus nehmen wir mit in unsere nächste Inkarnation. Dieser macht den zweiten Erinnerungsstrang aus: Unsere individuellen inneren Erfahrungen werden Teil des universellen Ätherraums und bleiben für immer dort.

Der dritte bewahrt die Erinnerungen an solche Taten, die

als Ausdruck unserer persönlichen Moral und seelischen Befindlichkeit zu werten sind; sie sind aufgehoben im Astralleib. Ist der Körper abgestorben und der Ätherleib, der Bewußtseinsreste enthält, verschwunden, bleibt allein der Astralleib mit der Erinnerung an diese Taten übrig. Diese Informationen gehen mit ein in die nächste Reinkarnation als unser persönliches Karma, als unser moralischer Kern, und werden zu einer Enzyklopädie unseres Verhaltens gegenüber anderen.

Die vierte Seinsstufe

Jenseits unseres physischen, Äther- und Astralleibs liegt eine vierte Seinsstufe, nämlich unser irdisches »Ich«. Es geht durch viele Inkarnationen, bewahrt Karma und Erinnerungen aus voraufgegangenen Lebensläufen und erwirbt, wenn durch geistige Tätigkeit erwacht, die Fähigkeit des Vergleichs und der Berichtigung. Dieses »Ich« ist durchweg irdisch; es kommt nicht aus den längerfristigen Erinnerungen ätherischer oder astraler Herkunft zustande, sondern ausschließlich aus Lebenserfahrungen. Als Menschen, die mit einem spirituellen »Ich« ausgestattet sind, fällt uns die Aufgabe zu, unsere karmischen Verbindlichkeiten zu erinnern, zu begreifen und aufzuarbeiten sowie mitzuwirken an der Evolution des Geistigen auf der Erde. Indem wir zum umfassenden Bewußtsein unserer Selbst gelangen und unsere karmische Verantwortung anerkennen, entwickeln wir uns zum wahren Menschen, finden zu unserer Spiritualität und tragen zum geistigen Wachstum wie zur Evolution der gesamten Menschheit bei. Was uns als Menschen erhaben macht, ist die Fähigkeit, diese Verantwortung zu erkennen und auf uns zu nehmen, um dem göttlichen Geist, dem wir entstammen, näherzukommen. Je mehr unser Denken und Handeln darauf Bezug nimmt, desto besser kommen unsere Individualität und unsere Kräfte zur Entfaltung, desto weiter nähern wir uns dem, was Steiner »Bildegeister« genannt hat, Wesenheiten höherer Ordnung, die die menschliche Evolution lenken.

In früheren Zeiten war es den geistigen Führern vorbehalten, die karmischen Verbindlichkeiten aller Menschen auf sich zu nehmen; sie lebten und starben für den kollektiven Geist. Heute sind wir gefordert, diese Bürde selbst zu tragen. In diesem Sinne bezieht Steiner den Fortschritt der Menschheit auf das Golgatha-Mysterium und das christliche Geistesleben.

Er identifizierte jene während der Schwangerschaft ablaufenden Phasen, in denen sich – wie oben beschrieben – die einzelnen Körper miteinander verbinden, um schließlich den kosmischen Menschen entstehen zu lassen. In Abbildung 8 (Seite 78) ist dieser Ablauf schematisch dargestellt; er geht aus von dem aus genetischem Erbgut stammenden Karma physisch greifbarer Essenz, das sich im Augenblick der Empfängnis verbindet mit der geistigen Energie aus der Verschmelzung von Ei und Samen, und führt über die Vereinigung mit der ätherischen, astralen Leibhülle und schließlich mit der Persönlichkeit zum Zeitpunkt der Geburt. Wir nehmen diese Leiber in Gänze als unser menschliches Geburtsrecht an und bilden sie im Sinne eines kosmischen Humanismus durch unsere Gedanken und durch unser Bewußtsein von den karmischen Anforderungen aus, die uns auferlegt sind und unser Leben bestimmen. Für diesen Prozeß, der, als Initiation verstanden, in früher Zeit nur von wenigen bewußt vollzogen wurde, sollten heute möglichst viele von uns Verantwortung übernehmen. Steiner widmete sein Leben und Wirken der Vermittlung jenes Bildes vom kosmischen Menschen, der Gespür hat für die karmische Notwendigkeit.

9
Das Jüngste Gericht und das, was zwischen Tod und Wiedergeburt passiert

Nach vollendetem Sterben zerfällt der physische Organismus. Der Ätherleib wird aus seiner Verantwortung entlassen und kann, unbehindert von Begierden, Bilder des Lebenslaufs und deren innere Bedeutung übermitteln. Dadurch erklärt sich, daß Zeugen von Nahtod-Erlebnissen berichten, für den Bruchteil einer Sekunde ihr gesamtes Leben als Panorama vor Augen gehabt zu haben. Im Altertum wurde es als das »Jüngste Gericht« bezeichnet. Dieses augenblickliche Resümee ist von größter Wichtigkeit, denn es entscheidet über Qualität, Zeitplan und Karma der nächsten Inkarnation. Das zuvor durch das irdische Leben beschränkte menschliche Bewußtsein ist befreit und verwandelt sich zurück in ein kosmisches Bewußtsein.

Das Jüngste Gericht

Eine faszinierende Darstellung dieser kritischen, einschneidenden Phase geistiger Erneuerung bietet Rodney Collin in seiner Schrift *Vom ewigen Leben*; darin analysiert er altägyptische, christliche, islamische, griechische und andere Vorstellungen vom Jüngsten Gericht, deckt Ähnlichkeiten auf und bewertet deren Bedeutung.[1] Die von ihm entworfene Graphik des Lebensprozesses entspricht der zentralen Reinkarnationsidee – nämlich daß das Leben eine Kreisbewegung beschreibt.

Dieser Gedanke ist immer noch nicht hinlänglich nachvollzogen worden, nicht einmal durch jene, die an Themen der Reinkarnation und Spiritualität interessiert sind. Allgemein und durchschnittlich wird das Leben verstanden als Zeitspanne zwischen Geburt und Tod, als eine mehr oder weniger stetig verlaufende Wegstrecke, auf der sich in Folge von Ursache und Wirkung ein Ereignis an das andere reiht. Unter anderem bleibt meist die für unsere Entwicklung außerordentlich bedeutsame Phase zwischen Empfängnis und Geburt unberücksichtigt. Wie in den Kapiteln sieben und acht ausgeführt, ist eine Erhellung dieser Phase ausschlaggebend für ein tieferes Verständnis für unser gesamtes Leben.

Collin gelangt in seiner Untersuchung zu der wichtigen Erkenntnis, daß der Lebenslauf nicht etwa nach einem zeitlichen Gleichmaß von Stunden oder Tagen zu bemessen ist, sondern richtiger nach einer logarithmischen Zeitstruktur (siehe Abb. 10). Wenn mit der Empfängnis die Keimzellen verschmelzen, setzt das Leben mit einer äußerst hohen Ge-

[1] Collin, *The Theory of Eternal Life*, S. 66–73.

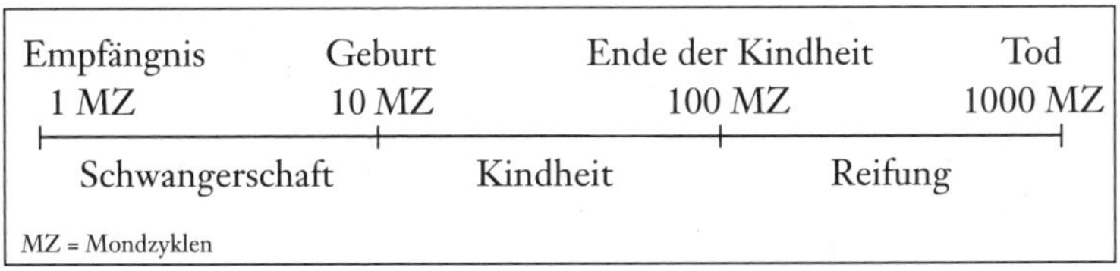

Abbildung 10: Logarithmische Lebenszeit

schwindigkeitsrate ein. Veränderungen erfolgen schlagartig durch Zellteilung und -verdopplung. Mit zunehmender Komplexität im Verlauf der Schwangerschaft und fortschreitender Entwicklung nach der Geburt verlangsamt sich die Geschwindigkeitsrate, bis schließlich im Tod Stillstand erreicht wird.

Collin entdeckte, daß diese lebenszeitliche Dynamik mit der Quantität an Energien und Informationen korrespondiert, die der Mensch im Verlauf des Lebens aufnimmt und abgibt. Kleine Kinder zum Beispiel bewegen sich schnell, haben einen beschleunigten Stoffwechsel, eine rasche Auffassungsgabe und empfinden, vor allem wenn gelangweilt, zeitliche Abläufe als unendlich ausgedehnt. Älterwerdend verlangsamen sich alle biologischen, emotionalen und mentalen Prozesse, und allmählich vermittelt sich uns der Eindruck, als schreite die Zeit immer schneller voran. Collin berechnete, daß für ein siebenjähriges Kind die Zeit rund zehnmal langsamer abläuft als für einen Siebzigjährigen, aber zehnmal schneller als für einen neugeborenen Säugling. Nach dieser logarithmischen Rechnung nimmt die Entstehung unseres physischen Leibes während der Schwangerschaft ein Drittel der gesamten Lebensspanne in Anspruch und nicht, wie nach herkömmlicher Quotierung, ein Hundertstel (neun Monate zu circa 77 Jahren).

Das zweite Drittel beginnt mit der Geburt und endet nach rund sieben Jahren. In dieser Phase entwickeln wir unsere Persönlichkeit innerhalb des familiären Gefüges und umgeben uns mit einem emotionalen Leib. Wie die Jesuiten glauben, ist unsere Persönlichkeit im Alter von sieben Jahren im wesentlichen fertigentwickelt. Im letzten Drittel, das vom Ende der Kindheit bis zum Tod reicht, schaffen wir uns im Austausch mit der Außenwelt einen mentalen Leib. Während der Reifung kombinieren und identifizieren wir Körper und Persönlichkeit, treten in dieser Identität an die Öffentlichkeit und arbeiten unsere diversen Möglichkeiten heraus. Wir gehen zur Schule, entwickeln eine Weltanschauung, gründen eine eigene Familie und sichern unsere Existenz in der physischen Welt. Manche von uns nutzen diese Phase auch zur Seelenerforschung und vollziehen jenen unter anderem von Steiner beschriebenen Prozeß der Initiation.

Im Verlauf des Lebens gehen Stoffwechsel- und Entwicklungsrate zurück, so wie ein einmal angestoßener Kreisel langsamer wird und allmählich austrudelt. In Collins Stufung des Lebenslaufs ist der mittlere Abschnitt ein Zehnfaches des voraufgegangenen und ein Zehntel des nachfolgenden (die Schwangerschaft währt 10 Mondzyklen, die Kindheit 100 und die Reifung 1000). Je weiter die Rate der Lebensprozesse mit dem Älterwerden zurückgeht, desto beschleunigter erleben wir die Zeitabläufe, bis wir im Alter nicht mehr Schritt zu halten vermögen.

Das Besondere an Collins Schema ist nicht zuletzt der Umstand, daß es auch als Kreislauf darzustellen ist, auf dem Empfängnis und Tod aneinandertreffen (siehe Abb. 11). Im Moment der Empfängnis zum Eintritt ins Leben ist unsere Energie und unser karmisches Erbe vorerst nur als Potential existent, während zum Tod hin bei vollendetem Leben das

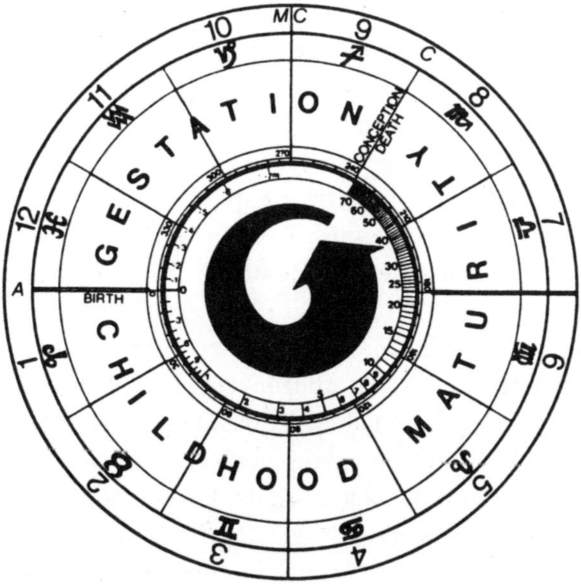

Abbildung 11: Lebenszeit im Verhältnis zur astrologischen Schematik (Conception = Empfängnis, Gestation = Schwangerschaft, Birth = Geburt, Childhood = Kindheit, Maturity = Reifung, Death = Tod)

gesamte Potential verwirklicht worden und der Kreis geschlossen ist. Wie im sexuellen Akt der Befruchtung, so endet das Leben in einem Ausbruch an Energie, wenn die Seele befreit wird und die physische Hülle verläßt. Diese Energie verbindet Tod und Empfängnis, und als solche wirkt sie jenseits aller Zeit.

Der zeitlose Bereich der Seele

Mit dem körperlichen Tod betritt die Seele jenen zeitlosen Bereich, den wir Ewigkeit nennen. Collin formuliert: »Alle Zeitpunkte sind gleichermaßen zugänglich, oder anders ausgedrückt, miteinander verbunden, nicht durch Zeit, sondern durch die Intensität der Energie, die diese erfüllt.«[2] Der Augenblick des Todes ist sozusagen eine Destillation unseres Lebens, die alle Erfahrungen auf ihre Essenz reduziert, und in der Agonie hallt die Ekstase der Befruchtung wider.

Über die vergleichende Betrachtung von Empfängnis und Geburt und die Zurkenntnisnahme, daß Information und Energie dieser kritischen Momente ein in Zeit und Raum einmaliges Muster bilden, gelangt Collin zu der Annahme, daß die absolute, einzigartige Signatur karmischer Energie, befreit durch den Tod, ihren Abdruck nur im selben Augenblick wie die Empfängnis erhalten kann. Dieser zirkuläre Prozeß kreist zurück bis an den Anfang der Zeit.

Aller Wahrscheinlichkeit nach hat Platon seinen Gedanken von der ewigen Wiederkehr den ägyptischen Mysterien entlehnt, und er wurde von Nietzsche weiterentwickelt. Ihm zufolge reist die Seele nach dem Tod durch die Ewigkeit, durch Vergangenes, Gegenwärtiges und Zukünftiges, auf der Suche nach einem neuen Mutterleib, um darin zu inkarnieren; sie wählt ihr neues Leben nach Maßgabe ihrer Resterfahrungen aus dem vergangenen Dasein. Da die meisten Seelen an ihrem alten Leben festzuhalten geneigt sind, ziehen sie eine Wiederholung vor, statt mit der Wahl neuer Möglichkeiten ein Leben zu riskieren, das auf die eine oder andere Weise weniger vorteilhaft sein könnte. So gelingt nur selten, wozu jeder angehalten ist, nämlich das Karma, mit dem er geboren ist, zu erfüllen und aufzuheben. Das Resultat ist Stagnation. Vor dem Jüngsten Gericht stehend, also im Bereich zwischen Tod und Wiedergeburt, in dem wir unsere voraufgegangenen Leben erinnern und zum umfassenden Verständnis davon

[2] ebd., S. 9.

gelangen, haben wir die freie Wahl, doch die meisten Seelen können sich ein anderes Leben nicht vorstellen und entscheiden sich für das Vertraute.

In ihren Beschreibungen dieses Jüngsten Gerichts gleichen sich tibetischer Buddhismus, ägyptische Mysterienreligion und Christentum. Collin erinnert an den Heiligen Makarius, jenen christlichen Mönch, der im vierten Jahrhundert in Alexandria lebte und von einer Vision berichtete, wonach seine Seele, von ihrem Schutzengel drei Tage lang begleitet, zur Anbetung Gottes emporstieg, sechs Tage lang paradiesische Wonnen erlebte, dann wieder hinabfuhr und in Erwartung des Jüngsten Gerichts über dreißig Tage hinweg die Hölle durchwanderte. Nach traditionell tibetisch-buddhistischer Auffassung widerfahren dem körperlosen Selbst oder der Seele in der Zwischenwelt zahlreiche Visionen und Erlebnisse, die ihr dazu verhelfen, einen neuen, ihrem Karma angemessenen Körper ausfindig zu machen.

Übereinstimmend weissagen die genannten Religionen, daß das Zwischenleben Einblicke in den Himmel und seine Freuden gewährt, aber auch mit unvorstellbaren Höllen und Foltern aufwartet, Visionen von Licht und Dunkelheit vermittelt. Die dort gebotene Gelegenheit zur Wahl ist einmalig; hat sich die Seele für einen neuen Körper entschieden, bleibt sie dieser Inkarnation auf Lebzeit verhaftet und hat erst nach deren Absterben die wiederholte Chance zu wählen. Aus diesem Verständnis heraus läßt sich eine Gleichung herstellen zwischen Empfängnis, Tod und Jüngstem Gericht, denn gemeinsam schließen sie den Kreis des Lebenslaufs.

Wie, so müssen wir fragen, paßt diese Reise durchs Jenseits in das oben beschriebene Schema? Die meisten Religionen gehen davon aus, daß zwischen physischem Tod und irdischer Wiedergeburt geraume Zeit vergeht; die spekulativen

Angaben hierzu reichen von 18 bis 49 Tagen. Die Dimension, innerhalb derer die Reise stattfindet, läßt sich als einen jenseitigen Kreisplan vorstellen, der, senkrecht zum irdischen stehend, diesen im Zeitpunkt von Tod und Empfängnis berührt. Gleiches kommt in archaischer Symbolik zum Ausdruck: Die Uroboros-Schlange beißt sich, einen Kreis bildend, in den Schwanz und versinnbildlicht damit die Schnittstelle von Tod und Empfängnis.

Collin vermutet, daß das fragliche, im Uroboros-Symbol unberücksichtigte Intervall einem logarithmischen Verhältnismaß auf der Basis unserer Lebensdauer entspricht, aber aufgrund der kompakten Zeitstruktur der übersinnlichen Welt schlagartig abzulaufen scheint. Weil wir während dieses Prozesses reiner Geist sind, bewahrt uns die Feinheit und Geschwindigkeit unserer Vibrationsrate davor, uns in einem Körper im traditionellen Sinne zu bewegen. Wir leben daher in einer Welt des Geistes, die eine molekulare Welt sein könnte.

Zeugen von Nahtod-Erlebnissen haben flüchtige Einblicke nehmen können in diese Zwischenexistenz. Der tibetische Buddhismus spricht in diesem Zusammenhang vom »klaren, ursprünglichen Licht« der Vollkommenheit in der Buddhaschaft, die ägyptische Religion von der Identität mit Osiris und das Christentum von einem Hintreten vor Gottes Thron. In diesem Zustand ist unser Karma interpretierbar als eine Erfahrung in der Sprache religiöser Symbolik, die wir im vergangenen Leben unter Anleitung spiritueller Lehrer zu verstehen gelernt haben.

Die Visionen sind intensiv, umfassend und in ihrer kosmischen Dimension als wahre Offenbarung zu bezeichnen. Die unzählige Fülle aus inneren und äußeren Eindrücken, die über viele Lebenszeiten gesammelt wurden, sind auf einen

Augenblick verdichtet, der wohl der Möglichkeit nach die mächtigste, unmittelbarste Erfahrung ist. Darum wird der Vorbereitung darauf in allen großen Weltreligionen zu Recht Priorität beigemessen. Ein kurzer Blick auf diesen Moment ist das Erwachen des Buddhismus, die Erleuchtung schlechthin oder, wie die Sufi-Meister sagen, »der Tod vor dem Sterben«.

Es hat wohl seine Richtigkeit, wenn behauptet wird, daß die Macht der Reinkarnation in diesem Bereich angesiedelt

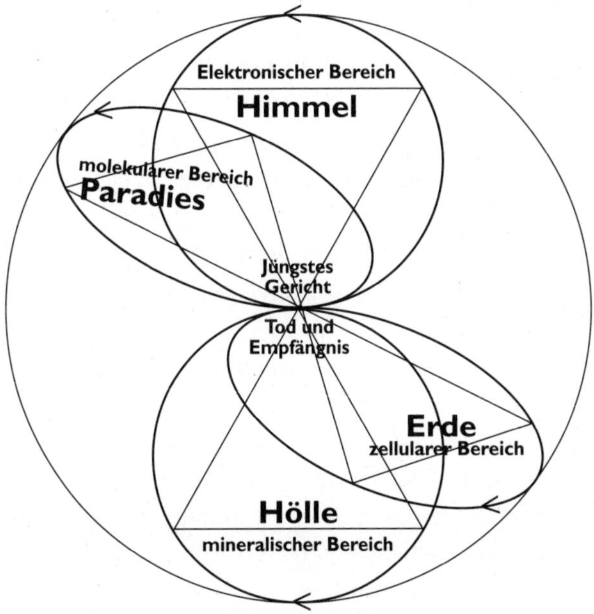

Abbildung 12: Vier-Welten-Modell. Die vier Kreise entsprechen den Dimensionen unserer Existenz. Die sichtbare zellulare Welt und die unsichtbare molekulare Welt berühren sich an der Schnittstelle zwischen Empfängnis und Tod. Der untere Kreis stellt das höllische Mineralreich dar, der obere die himmlisch-elektronische Sphäre reinen Geistes (nach Collin, *Vom ewigen Leben*).

ist, wo sich uns die einzigartige Gelegenheit bietet, jene Wahl zu treffen, auf die wir durch unsere Lebensläufe vorbereitet wurden. Wir können es uns nicht leisten, diese Chance ungenutzt zu lassen oder mißzuverstehen.

Das Gericht deckt alle Seiten unserer Natur auf, die Züge unserer genetischen oder karmischen Veranlagung, und wägt unsere Wesensglieder gegeneinander ab zum Zwecke der Entscheidung darüber, in welcher Inkarnation wir wiedergeboren werden. Dieses Drama vollzieht sich gewissermaßen im Inneren vor einer kosmisch dimensionierten Kulisse und – hoffentlich – unter der von außen mitwirkenden Regie oder Anleitung eines geistigen Führers, Gurus, Priesters oder Lamas, und von göttlichen Geistwesen wie Christus, Osiris, Yama oder Ahura Mazda, die von innen heraus die richtigen Impulse geben und den Weg weisen. Der Weg wird uns von unserer leitenden Gottheit gewiesen, wenn wir eine haben, und in jedem Fall repräsentiert dieses Wesen den universalen Geist, den Wächter des elektronischen Bereichs, in dem all dies passiert.

Im jeweiligen Kontext der genannten Religionen wird dem Abwägen der Seele – vorgenommen durch den Herrn des Todes, Erzengel Michael oder Anubis – ein zentraler Stellenwert beigemessen. Die Seele muß sich einem Gerichtsverfahren unterziehen, bevor sie den metaphorischen Fluß des Vergessens (in der griechischen Mythologie die Lethe) überqueren darf. Wir werden aufgewogen gegen unser Karma, die gespeicherten Erinnerungen unseres Lebens und das, was wir gemäß den an uns gestellten Aufgaben geleistet haben, gegen das Sündenregister oder die Feder des protokollführenden Gottes Thot. Beurteilt werden unsere inneren Qualitäten, nicht was wir an Reichtümern gesammelt haben und nicht die Ehrungen oder Verdienste aus dem vergangenen Leben.

Auf der Waagschale liegt unsere persönliche Wahrheit, unser Lebensvollzug, unser *Dharma*. Durch die Prüfung entscheidet sich, in welchen neuen Körper unsere Seele einkehrt.

Die Akasha-Chronik

Viele Okkultisten, Weise und Theosophen gehen von der Existenz eines Weltenbuches aus, das sämtliche Informationen über alle Leben enthält und für paranormal-begabte Seher oder spirituelle Meister einsehbar ist. Edgar Cayce erklärte, daß er sein Wissen über Personen, über Vergangenes und Künftiges dieser Chronik verdanke. Er verglich sie mit einer großen Bibliothek, bestehend aus detailgetreuen Einzelbiographien und abgeleitet aus dem Unbewußten der beschriebenen Person. Cayce behauptete, in Demut und durch angemessene Gebete Zutritt zu dieser Bibliothek zu gewinnen und nach Belieben in ihren Büchern zu lesen. Seine Ausführungen dazu klingen, als habe er gleichsam durch eine virtuelle Datenbank stöbern können, denn er vergleicht diesen Bereich der spirituellen Welt mit einem Filmarchiv. Er äußerte die Überzeugung, daß ein jeder, dem es gelänge, die astrale Ebene zu erklimmen, Zugang finde zu diesem universalen Verzeichnis. In dieses Verzeichnis, das unsere karmischen Befunde enthält, geht auch die im Zwischenleben vorgenommene Beurteilung unserer selbst ein.

Die Gruppenreinkarnation von Edgar Cayce

Der »schlafende Prophet« Edgar Cayce (1877–1945) hinterließ Aufzeichnungen von über 140000 telepathisch-hellseherischen Sitzungen. Als ein Leitfaden durch dieses umfangreiche Material kann Cayces Reinkarnationsglaube angesehen werden. Wiedergeburt war für ihn unabdingbarer Bestandteil der Wirklichkeit, und als Therapeut ging er davon aus, daß die Ursachen für Krankheiten in voraufgegangenen Inkarnationen zu finden sind. Auch Steiner übernahm diesen Gedanken für seine anthroposophische Medizin.[3] Cayce verhalf vielen Kranken durch weit zurückgreifende Befragung und Untersuchungen zur Heilung.

Cayce erinnerte Reste seines eigenen vergangenen Lebens. In Trance versetzt, erklärte er, 1742 in Cornwall als John Bainbridge zur Welt gekommen zu sein. Bainbridge war nach Amerika ausgewandert und hatte sich in der Chesapeake Bay-Gegend niedergelassen, wo auch Cayce viele Jahre seines Lebens verbrachte und sein Heilzentrum gründete, nämlich bei Virginia Beach in Virginia. Bainbridge war Kundschafter gewesen und hatte gegen Indianer gekämpft. Später lebte er in Fort Dearborn, nahe der heutigen Stadt Chicago. Als das Fort von Indianern eingenommen wurde, gelang es Bainbridge, mit einer Gruppe von Männern, Frauen und Kindern auf einem Floß zu fliehen. Doch die Indianer verfolgten sie zu beiden Seiten des Flusses. Viele der Siedler kamen zu Tode, schließlich starb auch Bainbridge bei dem Versuch, einer jungen Frau das Leben zu retten.

150 Jahre nach diesen dramatischen Ereignissen reinkarnierte eine Gruppe von über 20 ehemaligen Siedlern aus Dearborn in Virginia Beach. Als Cayce 1925 dort hinzog, waren viele von denen, die er als Kundschafter Bainbridge gerettet hatte, bereits vor Ort. Diese »Seelengruppe«, wie Cayce seine Schicksalsgefährten nannte, blieb ihm sein ganzes Leben lang eine große Stütze.

[3] Wachsmuth, *Reinkarnation*, S. 200–290.

Cayce erkannte, daß manche Gesundheitsprobleme, von denen einige Personen aus dieser Seelengruppe betroffen waren, ihre Ursache in den Umständen des voraufgegangenen Lebens in und um Fort Dearborn hatten. So führte er, um nur zwei besonders spektakuläre Beispiele zu nennen, einen Fall von Tuberkulose auf eine in den Tanzlokalen Dearborns zugezogene Ansteckung zurück und eine Polioerkrankung auf das Hungerleiden während der indianischen Belagerung des Forts. Aufgrund seiner Fähigkeit, die Umstände früherer Lebensläufe in seine Diagnose miteinzubeziehen, konnte er in beiden Fällen für Heilung sorgen und seinen Patienten für ihr weiteres Leben einen sicheren, spirituellen Pfad weisen.

10
Psychologie, Biologie und Reinkarnation

Der Geist ist geboren, lebt und stirbt niemals.
Mrs. Smith, Guirdham,
The Cathars and Reincarnation

Es ist in unserer Zeit wiederholt der Versuch unternommen worden, die Prozesse der Reinkarnation mit wissenschaftlichen Methoden zu beschreiben und zu erklären, so zum Beispiel jüngst im Rahmen der Genforschung. Zu einem durchschlagenden Erfolg kam es allerdings bislang nicht. Von wenigen Ausnahmen abgesehen, behauptet sich im Wissenschaftsbetrieb jene skeptische Haltung, die die Wirklichkeit des spirituellen Bereichs leugnet. Natürlich läßt sich die Existenz eines feinstofflichen Körpers, der Psyche oder Seele nicht durch Messung nachweisen. Dennoch haben es sich einige mutige Wissenschaftler zur Aufgabe gemacht, auch solche Konzepte in ihre Betrachtungen miteinzubeziehen.

Die Katharer und Reinkarnationen

Der britische Psychiater Arthur Guirdham lehrte Medizin an der Universität von Oxford und praktizierte als Therapeut. Darüber hinaus verfaßte er zahlreiche Fachbücher über Psychosomatik, in die er zum Teil auch seine Vorstellungen von Reinkarnation miteinfließen ließ. 1970 erschien sein faszinierendes Buch *The Cathars and Reincarnation* (»Die Katharer und Reinkarnation«). Darin berichtet er von einer Patientin, einer gewissen »Mrs. Smith«, der im Laufe therapeutischer Sitzungen bewußt wurde, in einem früheren Leben eine französische Katharerin aus dem 13. Jahrhundert gewesen zu sein.

Die Katharer (oder Albingenser), eine christliche, den Manichäern verwandte Sekte aus der Provinz Languedoc im Südwesten Frankreichs, waren im 13. Jahrhundert als Häretiker durch Inquisition und Krieg buchstäblich ausgerottet worden.

Sie hatten sich in der Provence als Gruppe mit entschieden antikatholischen Überzeugungen formiert und über die Languedoc ausgebreitet, wo, nahe der Stadt Montsegur, 200 ihrer Priester als Ketzer verbrannt wurden. Diese Priester und Priesterinnen waren sogenannte *parfaits* (Perfekte); sie empfingen – manchmal sogar auf dem Totenbett – ein einzigartiges Sakrament, das sogenannte *consolamentum*, wurden schon kurz nach der Geburt für ihr Amt bestimmt, lebten in strenger Askese und Keuschheit und suchten Läuterung durch Fasten, Meditation und das Verrichten guter Werke. Sie lehnten bis auf Fisch alle tierische Nahrung ab. Ein *parfait* zu werden war auch nach Ehe und Elternschaft möglich; ein solcher Schritt wurde sogar empfohlen.

Guirdham machte 1962 mit Mrs. Smith Bekanntschaft. Sie litt seit ihrer Kindheit unter quasi-epileptischen Anfällen, die begleitet waren von Visionen. Außerdem klagte sie darüber, ständig Alpträume zu haben, aus denen sie regelmäßig, Ehemann und Nachbarn störend, laut schreiend erwachte. Seit 20 Jahren plagten sie diese Träume. Guirdham untersuchte sie auf Epilepsie, konnte aber keinen positiven Befund ermitteln. Nach dem ersten Therapiegespräch blieben die Träume aus und kehrten nicht mehr zurück. In verblüffender Synchronizität war auch Guirdham nach dieser Sitzung von seinen Alpträumen befreit, die ihn 30 Jahre lang mit Bildern von einem fremden, nächtlichen Besucher gequält hatten.

Im Verlauf der fortgesetzten Behandlung von Mrs. Smith erwähnte Guirdham beiläufig, Montsegur besucht zu haben, jene Stadt im Süden Frankreichs, die einst das Zentrum der Katharerbewegung gewesen war, und er fragte, ob sie diese Gegend kenne. Sie war nie dort gewesen, hatte aber kurz zuvor ein Buch über das französische Mittelalter gelesen, in dem auch von den Katharern berichtet wurde, ein Thema, das sie sehr faszinierte. Daß nun auch Guirdham darauf zu sprechen kam, überraschte sie sehr.

In den folgenden zwei Monaten nahm Mrs. Smith immer wieder Bezug auf die Katharer. Unter anderem sprach sie davon, daß ein von Buddhisten bewohntes Landgut im Süden Englands, das sie häufig besuche, ursprünglich in Besitz einer Person gewesen sei, die mit den Katharern in Beziehung gestanden habe. Guirdham drängte sich zunehmend der Verdacht auf, daß Mrs. Smith, ohne sich selbst darüber im klaren zu sein, über paranormale Kräfte verfügte. Zur selben Zeit äußerte ein Freund Guirdhams die Ansicht, daß auch er, Guirdham, mit den Katharern in Verbindung gebracht werden könne, zumal er wie diese eine tiefe Abneigung gegen den römischen Katholizismus empfände und darüber hinaus in vielerlei Hinsicht mit den Sektierern von damals verwandt sei. So vertrat Guirdham zum Beispiel den Glauben an einen religiösen Dualismus, das heißt, er widersprach der Fleischwerdung Christi und war vielmehr davon überzeugt, daß dieser ausschließlich als reines Geistwesen anzusehen sei – eine Auffassung, die auch den Katharern (und Rudolf Steiner) eigen war. Das Netz zog sich enger zusammen.

Über einen Zeitraum mehrerer Jahre notierte Mrs. Smith Einzelheiten ihrer Träume, unter anderem Episoden, beziehungslose Ortsnamen und Erinnerungen an ein früheres Leben in einer mittelalterlichen Frauengemeinschaft und an Lieder, die sie mit einem geliebten Mann namens Roger gesungen zu haben glaubte. Erwähnung fanden auch Ereignisse von schrecklicher Grausamkeit, wenn es um die Stadt Toulouse und die Kathedrale Saint-Étienne ging, was besonders verblüffend war, denn Guirdham fand heraus, daß dort das für Montsegur zuständige Inquisitionsgericht tagte. Es gelang ihm schließlich auch, einen Mann, der wiederholt in Mrs. Smiths Visionen auftauchte, als einen gewissen Pierre de Mazerolles zu identifizieren, der zur Katharerzeit des Mordes bezichtigt und der Inquisition angezeigt worden war. Mrs. Smith berichtete, daß er ihr im Traum erschienen sei und um Schutz vor seinen Verfolgern gebeten habe. Er war anscheinend ihr damaliger Bruder.

Mrs. Smith schilderte ungewöhnliche Sitten und Gebräuche, wie sie für die Katharer typisch gewesen waren. Diese Informationen konnte sie unmöglich in ihrem gegenwärtigen Leben gewonnen haben. Manche ihrer diesbezüglichen Behauptungen widersprachen dem, was Guirdham über die Katharer wußte, stellten sich aber im nachhinein als richtig heraus. Sie sprach davon, daß die Roben der Katharer blau gewesen seien, obwohl in den Geschichtsbüchern durchgängig von schwarzen Roben die Rede ist. In der Bibliothèque

Nationale von Paris ließen sich dann aber Quellen auftun, die ihre Version bestätigten.

Aus der Erinnerung zeichnete sie ein Symbol, von dem sie behauptete, daß es von den *parfaits* als silberne Gürtelschnalle getragen wurde; Roger habe einen Ring in dieser Form am Daumen gehabt. Das Symbol gleicht dem astrologischen Zeichen für Fische (siehe Abb. 13). Guirdham konnte auch diesen Hinweis verifizieren. Mrs. Smith holte weiterhin eine Fülle präziser Details vom Leben der Katharer aus der Erinnerung hervor. Sie verstand es sogar, einige Minnelieder und Gedichte handschriftlich zu faksimilieren. Ihre Kenntnisse von der damaligen Zeit waren einzigartig, und sooft sie in Widerspruch geriet mit der gängigen Geschichtsschreibung, gaben ihr nachträgliche Recherchen jedesmal recht. Viele der Personen, die sie zu beschreiben und zu benennen wußte, tauchen auch in einschlägigen Urkunden auf.

Abbildung 13: Das Katharer-Symbol, ähnlich dem astrologischen Zeichen für Fische

Ganz und gar erstaunlich ist, daß Guirdham, obwohl er sich selbst nicht an damals zu erinnern vermochte, schließlich zu der Einsicht gelangte, ebenfalls in Person unter den Katharern geweilt zu haben. In weiteren Nachforschungen kam er zu dem Ergebnis, daß nicht nur er und Mrs. Smith, sondern gleich mehrere Katharer als Gruppe nach über 700 Jahren wiedergeboren waren. Sie hatten gemeinsam teilgenommen an den großen Tragödien und Prüfungen ihres Reinkarnationsglaubens, der ein integraler Bestandteil der Katharer-Religion war.

Das kollektive Unbewußte

Die Theorien des schweizerischen Psychologen Carl Gustav Jung untermauern die uralte Vorstellung, daß wir als Menschen eine gattungsgeschichtliche Erbmasse mit uns tragen, bezeichnet als das »kollektive Unbewußte«. Jung war der festen Ansicht, daß es jenseits des Bewußtseins einen psychischen Bereich gebe, in dem die Instinkte, Triebe und Verhaltensmuster gespeichert sind, die wir mit allen Menschen teilen. Im Unterschied zum persönlichen Unbewußten, das verdrängte Gedanken und Gefühle aus eigenem Erleben enthält, greift das kollektive Unbewußte bis zu den Ursprüngen der Menschheit zurück.

Jung verstand das kollektive Unbewußte als eine Quelle schöpferischer Phantasie und Vorstellungskraft der Menschheit. In Träumen, in der bildenden Kunst und Musik, in Märchen und Mythen finden Bilder aus dieser Quelle ihren Niederschlag. So können wir umgekehrt über Träume oder Halluzinationen Zugang finden zu diesem unbewußten Bereich. Jung hat ihn zwar nie lokalisieren oder die aus ihm wirkenden Prozesse systematisch darstellen können, war aber von seiner Existenz und davon, daß er sich nachweisen läßt, überzeugt.

Unter den tiefsten Schichten der Psyche vergraben liegt, was Jung die »Archetypen« nannte, historische oder prähistorische Grundmuster kollektiver Erfahrung, die von alters her an jedes Individuum weitergereicht werden und seine bewußt gemachten Erfahrungen beeinflussen. Zu diesen Archetypen zählte er nicht zuletzt auch die Grundzüge aller Reinkarnationsvorstellungen. Jung akzeptierte den Reinkarnationsglauben als Ausdruck des kollektiven Unbewußten und glaubte, daß sich dieser der Strukturen der Archetypen innerhalb der menschlichen Psyche bedient. Die Erkenntnisse der Psychologie des Unbewußten werden therapeutisch angewendet zum Nutzen persönlicher Weiterentwicklung.

Genetische Codes und Informationsübermittlung

Nach Ansicht der Forscher Ducrocq, Hoyle, Narlikar und Costa de Beauregard stimmen Universum und DNA-Molekül in ihrem perfekten Aufbau und ihrer präzisen Funktionsweise überein. Der gelungenen Entschlüsselung des genetischen Codes wird, so glauben die genannten Forscher, in absehbarer Zeit auch die Entschlüsselung des astronomischen Codes folgen. Informative Kommunikation ist nicht allein eine Fähigkeit lebender Organismen, sondern wie Materie und Energie integraler Bestandteil des Universums.[1]

Physiker und Biologen stoßen in ihren Forschungen immer häufiger auf Phänomene, die auf Reinkarnationsprozesse zurückführbar sind, als solche aber zumeist nicht zur Kenntnis genommen werden. In ihrer Komplexität bleiben diese Vorgänge vorläufig unergründlich, auf molekularer Ebene jedoch lassen sich ihre Prinzipien bereits durchaus klar erkennen.

Moleküle haben eine Lebensdauer, die sich in Sekundenbruchteilen bemißt. Da unser Körper aus Molekülen zusammengesetzt ist, vollziehen sich darin permanent und tausendfach Prozesse des Absterbens und Neuentstehens. Jeden Tag erfahren wir den Tod und die Wiedergeburt von Tausenden molekularer Körper. Es muß ein Mechanismus existieren, der die Erinnerung an Erfahrungen, Gefühle, Ideen, spiritu-

[1] Landsheidt, *Cosmic Cybernetics*, S. 56f.

elles Verlangen und andere Attribute an die nachfolgenden Molekularkörper überträgt (transmittiert). Moleküle übertragen Informationen auf augenblickliche und höchst effektive Weise, und solche molekularen Reinkarnationen ereignen sich laufend in uns.

Die genetische Struktur, die unsere erbliche Gestalt, unsere Instinkte und Verhaltensmuster festlegt, wirkt auf die gleiche Weise wie Reinkarnation. Gene bestimmen die Entwicklung und das Funktionieren biologischer Systeme, darüber hinaus verfügen wir aber auch über unsere kollektive Gattungspsyche. Nach Erkenntnissen der Genforschung nutzen wir nur einen kleinen Teil (weniger als 10 Prozent) der enormen Menge an Informationen, die in unseren Genen gespeichert ist. Wozu der große Rest gebraucht wird, ist noch unbekannt. Wäre es nicht plausibel anzunehmen, daß dieser Rest sämtliche Daten der menschheitsgeschichtlichen Entwicklung enthält?

Unser Begriff von Reinkarnation ist jedoch nicht auf genetische Abläufe zu reduzieren. Vererbung setzt sich in zeitlich linearer Folge von Eltern auf Kinder fort. Ganz anders verhält es sich mit der Reinkarnation. Nach dem Tod muß sich die Seele nicht notwendigerweise unverzüglich neu inkarnieren, schon gar nicht in zukünftiger Richtung. Ihre nächste Wiedergeburt mag auf einen tausend Jahre zurückliegenden Zeitpunkt fallen ebenso wie ihre letzte Inkarnation Hunderte von Jahren in der Zukunft liegen kann. Es existiert in der Reinkarnation kein Zeitpfeil als Einbahnstraße. Es könnte sein, daß karmische Notwendigkeiten über die Richtung entscheiden. Hat sich die Seele zu Lebzeiten weiterentwickelt, mag sie in der Zeit voranschreiten. Allerdings bleibt fraglich, ob die Zukunft dem unterstellten Evolutionsprozeß tatsächlich nachkommt.

Revolutionäre Biologie

Dem Verständnis der mechanistisch-materialistischen Wissenschaft nach ist der genetische Code die alleinige biologische Intelligenz, die Gestalt schafft, Information übermittelt und Lebensprozesse steuert.

Für eine neue Sichtweise plädiert der englische Biochemiker Rupert Sheldrake. Seine *Hypothese der formierenden Kausalität* besagt, daß jeder Organismus nicht nur durch seine physischen und chemischen Systeme geprägt ist, sondern darüber hinaus und maßgeblich durch ein nicht-stoffliches morphogenetisches (formbildendes) Feld, das alle gattungsrelevanten Informationen enthält und für jedes Mitglied der Art zugänglich ist.[2] Im Zusammenwirken mit den organismusgebundenen Genen regelt dieses von Zeit und Raum losgelöste morphogenetische Feld den Fortbestand der Gattung und die Hervorbringung neuer Individuen in spezifischer Gestalt und Verhaltensstruktur. Im Unterschied zu den Genen, die primär physiologische Qualitäten festlegen, hält das Feld die gesammelten Erfahrungen der Gattung parat und tradiert Gewohnheiten.

In frühen Laborversuchen wurde herausgefunden, daß sich Ratten Generation um Generation schneller in einem Labyrinth zurechtzufinden vermochten. Dieses Ergebnis läßt darauf schließen, daß Erlerntes von den Eltern auf die Kinder weitervererbt wurde. Jahre später unternahm Sheldrake eine Vergleichsprobe an genetisch identischen Ratten, die aber nicht aus jener labyrintherfahrenen Familie stammten. Diesen Exemplaren gelang es sofort, sich im Labyrinth zu orientieren. Das von der einen Familie Erlernte schien also in den

[2] Sheldrake, *A New Science of Life*.

Erfahrungsfundus der Spezies eingegangen zu sein. Sheldrake nannte diesen Mechanismus *morphische Resonanz.*

In Kristallen beobachtete er ein ähnliches Phänomen. Die anfängliche Formation eines Kristalls aus flüssigem Material dauert lange. Hat er sich jedoch gebildet, können ähnlich strukturierte Kristalle sehr viel schneller entstehen. Erlerntes wird der gesamten Spezies übermittelt und nicht nur als Erbe an die nächsten Nachkommen weitergereicht.

Die Hypothese der formierenden Kausalität konnte 1986 in einem Versuch mit Menschen verifiziert werden. Eine Gruppe amerikanischer Schulkinder erhielt zur Aufgabe, mehrere japanische Kinderlieder zu erlernen. Eines davon war ein beliebtes Lied, das seit Jahrhunderten von japanischen Kindern gesungen wird. Die anderen hatte man speziell für dieses Experiment neu komponiert. Den Kindern fiel es deutlich leichter, das alte Lied zu lernen, denn es war vor ihnen von vielen anderen erlernt und gesungen worden.

Während die Übertragung des genetischen Erbguts zum Zeitpunkt der Empfängnis stattfindet und mit ihr abgeschlossen ist, verändert und mehrt sich das im morphogenetischen Feld enthaltene und von dort übermittelte kollektive Wissen permanent. Sheldrakes theoretisches Modell dieser Übermittlung kommt der traditionellen Vorstellung von Reinkarnation sehr nahe. Der Hauptunterschied besteht darin, daß die durch Reinkarnation übermittelten Qualitäten nicht bloß biologischer Natur sind, sondern außerdem eine Fülle feinstofflicher Wesensmerkmale beinhalten. Darüber hinaus kann sie im Gegensatz zur linearen Zeitausrichtung der Morphogenese auch in die Vergangenheit zurückführen.

Genetik auf molekularer Ebene, morphogenetische Felder auf der Ebene von Erfahrungen, Archetypen des kollektiven

Unbewußten auf psychologischer Ebene und geistige Erleuchtung auf spiritueller Ebene – all diese Konzeptionen, und seien sie noch so unterschiedlich, weisen Parallelen zu uralten Reinkarnationsideen auf und illustrieren eindrücklich die verschiedenen Formen der in uns wirkenden Reinkarnation.

11
Reinkarnationserfahrungen

Das in heutiger Zeit stark zugenommene Interesse an Reinkarnation hat zu einer Fülle von Publikationen zu diesem Thema geführt, die der Sache zum Teil alles andere als zuträglich sind. Viele Autoren benügen sich damit, persönliche Wunschvorstellungen zu beschreiben, und bleiben eine kritische Begründung ihrer Aussagen schuldig. Neueste Kenntnisse und prüfenden Verstand anzuwenden ist für eine sinnvolle Untersuchung unerläßlich. Es ist zum Beispiel wichtig, genau zu unterscheiden zwischen der karmischen Seelengeschichte, die der Kette der Inkarnationen folgt, und den persönlichen Charaktermerkmalen, die durch Vererbung von einer auf die nächste Generation weitergegeben werden. Zugegeben, in der Praxis ist diese Differenzierung oft nur schwer zu leisten.

Vielen Individuen sind diverse Charakterzüge gemein, vor allem solche, die archetypische Grundmuster unserer Individualität zum Ausdruck bringen. Auf dieser Prämisse gründet die moderne Psychologie. Manche Personen glauben sich an frühere Inkarnationen erinnern zu können, obwohl sie in Wahrheit lediglich intuitiv Einblick nehmen in verborgene Schichten des kollektiven Unbewußten. Die Übermittlung von Charakterzügen ist es nicht, was die Reinkarnation ausmacht. Hinweise auf Reinkarnation lassen sich nur in tieferen Seinsschichten ausmachen, in denen sich das Lebensschicksal eines Menschen ausdrückt, und nicht in eher beiläufigen Qualitäten, die der Persönlichkeit anhaften.

Erinnerungen an zurückliegende Ereignisse sind stets fragmentarisch und ungeordnet. Oft verschmelzen Gedächtnisbilder aus früher Kindheit mit solchen, die erst vor kurzem aufgenommen wurden. Sie lassen sich nicht strukturieren. Wir müssen davon ausgehen, daß es sich mit Erinnerungen aus früheren Leben günstigstenfalls ähnlich verhält. Wenn sie denn auftauchen, ist es äußerst schwierig, wenn nicht gar unmöglich nachzuweisen, ob sie gültig sind oder nicht.

Ereignisse, an die wir uns heute vergeblich zu erinnern versuchen, können in der nächsten Woche oder im nächsten Jahr ins Bewußtsein aufsteigen – wir erinnern, ohne uns dieses Erinnerungsvorgangs bewußt zu sein. Unser Gedächtnis enthält Erinnerungen, die dem Bewußtsein nicht immer zugänglich sind, aber gleichsam auf ihre Entdeckung warten. So ruhen auch Erinnerungen an frühere Leben im Unbewußten, darauf wartend, daß sie entdeckt werden.

Es ist erstaunlich und sehr interessant zu beobachten, wie Inkarnationserinnerungen zustande kommen. Ian Currie stellt in seinem Buch *You Cannot Die* (»Niemand stirbt für alle Zeit«) eine Anzahl von überzeugenden Fällen vor, in denen nachweislich gültige Erinnerungen an frühere Leben spontan und auf unerklärliche Weise zu Tage kamen. Unter anderem berichtet er von einem Tlingit-Indianer, der, was ein gewisser Dr. Stevenson bezeugt, ein Jahr vor seinem Tod seiner Nichte anvertraut hatte, als ihr Sohn zurückzukehren. Zum Beweis für die Gültigkeit seiner Behauptung sagte er ihr, daß dieser Sohn zwei Wundmale haben werde, die denen seiner Operationsnarben ähnlich seien. 18 Monate nach seinem Tod gebar die Nichte einen Sohn, der tatsächlich zwei Male an den bezeichneten Körperstellen aufwies. Im Alter von 13 Monaten – das Kind hatte gerade zu sprechen gelernt – sagte es im Akzent der Tlingit: »Kennst du mich nicht? Ich bin Kahkody.« Kahkody war der Stammesname des verstorbenen Onkels.

Im Verlauf weiterer Jahre identifizierte das Kind auf jeweils ähnlich spontane Weise namentlich verschiedene Familienmitglieder. Es wußte von Orten und Ereignissen zu berichten, über die es normalerweise keine Kenntnis haben konnte. Im neunten Lebensjahr gingen die Erinnerungen an das vorherige Leben allmählich zurück; schließlich versiegten sie gänzlich. Durch vergleichende Untersuchungen fand Dr. Stevenson heraus, daß frühkindliche Erinnerungen an vorangegangene Inkarnationen typischerweise nach ca. sechs Jahren verblassen, in Einzelfällen aber auch noch im Erwachsenenalter zum Vorschein kommen können.[1]

Inkarnationserinnerungen lassen sich auch durch hypnotische Rückführung bergen. Problematisch ist die Verifizierung der gewonnenen Informationen. Im günstigen Fall sind diese als historische Details gemeinhin unbekannt, aber dennoch durch Recherchen belegbar. Nicht jede frühere weibliche Inkarnation kann Kleopatra gewesen sein, denn dies entspricht wohl eher einer Wunschvorstellung als der Wahrheit. Currie erwähnt, daß nach einer Analyse von 1500 Reinkarna-

[1] Currie, *You Cannot Die*, S. 266.

tionsrückführungen die Zeit zwischen Tod und Wiedergeburt auf durchschnittlich 52 Jahre zu beziffern ist. Hier deutet sich ein Problem der Identifizierung an, denn beweiskräftige Belege aus länger als 75 Jahre zurückliegenden Zeiten aufzufinden dürfte zumeist schwierig sein.

Während einer Meditationssitzung gelang es einer Frau, in spontaner Regression in die Vergangenheit zurückzukehren. Sie sah sich mit ihrer Familie auf dem Marktplatz einer norditalienischen Stadt in eine von Pferden gezogene Kutsche steigen und dem großelterlichen Landgut entgegenrollen. Auf die Frage, wann dies geschehen sei, antwortete sie klar vernehmlich: im Jahre 1533. Auf den kreisförmig angelegten Treppenstufen im Eingangsbereich des Wohnhauses erinnerte sie sich gespielt zu haben, und die Düfte, die durchs Haus strömten, riefen Kindheitserinnerungen an heimliche Verstecke und Abenteuer wach. Die Familie wurde in einen großen Raum mit holzvertäfelten Wänden geführt, an denen zahlreiche Porträtgemälde hingen. Der lange Tisch war zur Mahlzeit prächtig hergerichtet. Sie schaute auf ihre Eltern und beschrieb den Vater als großgewachsenen, dunkelhaarigen Mann mit bleichem Gesicht; er praktizierte als Arzt im schweizerischen Bern. Die Mutter war zierlich und schwach. Beiden Elternteilen gegenüber fühlte sie sich distanziert. Die Großmutter saß am Kopf des Tisches und wies die Dienstboten an; in ihr erkannte die Erinnernde die Großmutter aus dem gegenwärtigen Leben wieder. Der blondhaarige Großvater trat verspätet ins Zimmer. Er brachte viel Energie mit sich, und alles lebte auf. Die Erwachsenen unterhielten sich während der Mahlzeit über das Essen, über die Geschäfte und andere Themen, die das achtjährige Mädchen zunehmend langweilten, so daß sie schließlich in die Gegenwart zurückkehrte.

Interessant an dieser Geschichte ist, daß die Erzählerin, ohne in Hypnose versetzt worden zu sein, spontan Erinnerungen wachruft, in denen sich Bilder aus gegenwärtigem und vergangenem Leben vermischen. Bemerkenswert ist auch, daß die Großmutter von einst und die von heute als ein und dieselbe Person auftreten und daß der in der Rückführung beschriebene Vater dem – gleichfalls als Arzt praktizierenden – ersten Ehemann der Erzählerin ähnlich sieht. Suggestion? Phantasterei? Es erscheint typisch für solche Erfahrungen, daß die Grenzen zwischen der Wirklichkeit und der sich öffnenden neuen Welt fließend sind.

Ein weiterer von Currie beschriebener Fall ist der von George Field, der 15jährig durch den Hypnotiseur Loring Williams rückgeführt wurde. Der Junge erinnerte sich an ein Leben als ungebildeter Bauernsohn namens Jonathan Powell, der im Jahre 1863, 85 Jahre vor Fields Geburt, von Bürgerkriegssoldaten getötet worden war. Als Field an den Ort in North Carolina geführt wurde, wo Powell gelebt hatte, wußte er die Anwohner der damaligen Zeit zu benennen und zu beschreiben. Auch alle weiteren Angaben, die er machte, waren stimmig. Hinweise auf die Existenz von Jonathan Powell ließen sich jedoch nicht finden; weder er noch seine Großmutter Mary Powell waren amtlich registriert. Durch Zeitungsannoncen wurden Zeugen gesucht, doch die erhofften Reaktionen blieben aus. Endlich aber erhielt George Field einen Brief von einer Großnichte Jonathans, in dem sie ausführlich Auskunft gab über dessen Leben und erklärte, daß er im Krieg von Yankees ermordet worden sei.[2]

Helen Wambach stieß in ihren Untersuchungen von Rückführungsschilderungen auf interessante Übereinstimmungen, die bei näherer Betrachtung durchaus plausibel erscheinen.

[2] ebd., S. 286.

Sie analysierte die soziale Schichtzugehörigkeit der Personen, die von ihr in hypnotische Regression versetzt worden waren (über 1000), und kam zu dem Ergebnis, daß zehn von hundert in ihrem früheren Leben der Oberschicht angehört hatten, während die überwiegende Mehrheit, rund 75 Prozent, den unteren Ständen zuzurechnen war. Das entspricht in etwa der gesellschaftlichen Verteilung damaliger Zeiten. Gleichfalls stellte sie fest, daß die Häufigkeit der Rückführungen in frühere Leben mit der im jeweiligen Zeitraum zählenden Bevölkerungsmenge korrelierte.[3]

Darüber hinaus entdeckte Dr. Wambach ein Phänomen, das viele der religiösen Reinkarnationsvorstellungen zu bestätigen scheint. In ihrer Befragung zu voraufgegangenen Lebensläufen wollte sie von den Probanden wissen, was sie zur Wiedergeburt bewegt habe. Von den genannten Antworten hatten 95 Prozent zum Inhalt, daß die Wahl der Eltern oder der Lebenssituation ausschlaggebend gewesen sei. Wenn die Wahl falsch war, wußten sie dies und konnten ihr Leben vorzeitig beenden. Auf die Frage, weshalb eine Wahlmöglichkeit ergriffen worden sei, gab die überwiegende Mehrheit an, mit dieser Wahl die Hoffnung auf persönliche Weiterentwicklung verknüpft zu haben. Gleichzeitig gaben viele zu, mit ihrem weltlichen Leben unzufrieden zu sein. Befragt nach den wichtigsten Voraussetzungen für persönliche Fortschritte in neuen Inkarnationen, verwiesen die meisten auf günstige Umweltbedingungen, die die Entfaltung vorhandener Potentiale im Sinne einer fortschreitenden Evolution unterstützen.[4] In solchen Antworten klingen nicht von ungefähr Vorstellungen an, die als Glaubenssätze Religionen wie dem Buddhismus oder dem Hinduismus eigen sind.

[3] ebd., S. 312.
[4] Wambach, *Reliving Past Lives*, S. 89f.

Den meisten Menschen gelingt es nicht, sich an vergangene Inkarnationen zu erinnern; manche Yogis und spirituelle Meister hingegen haben in dieser Hinsicht schon große Fähigkeiten unter Beweis gestellt. Der Buddha ist bekannt dafür, daß er seine sämtlichen Lebensläufe vergegenwärtigen konnte. Der buddhistischen Lehre zufolge ist das Vermögen, solche Erinnerungen aufzurufen, Bedingung der Möglichkeit, sich vom Zwang zur Reinkarnation zu befreien.

Auf die unbewußte Qualität von Reinkarnationserinnerungen haben Rudolf Steiner und Professor Stevenson von der Universität von Virginia eindrücklich hingewiesen. Übereinstimmend stellten sie fest, daß diese Erinnerungen in früher Kindheit am lebendigsten sind, dann aber mit den Jahren allmählich verblassen und schließlich völlig »vergessen« werden.

Erbfolge

Bekanntermaßen sind unsere Gene Träger von Erbinformationen. Können wir aus dieser Tatsache einen Beweis für die Wirklichkeit von Reinkarnation ableiten? Jedes Lebewesen ist Ergebnis eines vollständig gelungenen Fortpflanzungsprozesses. Wir sind gezeugt von unseren Eltern, die wiederum von deren Eltern gezeugt wurden – und so weiter bis ins letzte Glied zurück. In dieser Hinsicht hat es im Verlauf unserer Abstammungsgeschichte keinen einzigen Ausfall gegeben. Es spricht vieles dafür, daß wir auch etliche Erinnerungen miteinander gemein haben. Im streng darwinistischen Sinne, nach dem nur der Tüchtigste überlebt, sind wir die Tüchtigsten, weil wir überlebt haben.

Im Zuge der sogenannten Bevölkerungsexplosion hat sich ein Mißverständnis breitgemacht, was die Mechanismen der

Bevölkerungsentwicklung angeht. Dem Anschein nach ist die Menschheit extrem heterogen. Wir brauchen aber bloß fünf Jahrhunderte zurückzublicken, um festzustellen, daß die Menge unserer gemeinsamen Vorfahren zahlenmäßig größer ist als die Menge derer, mit denen wir nicht verwandt sind. Unter der Annahme, daß alle 20 Jahre ein Generationenwechsel stattfindet, lassen sich für ein 1980 geborenes Kind acht Millionen Vorfahren ersten Grades errechnen, die vom Jahre 1500 an gelebt haben. Nehmen wir weitere hundert Jahre hinzu, beläuft sich die Gesamtsumme der Vorfahren auf 250 Millionen, was in etwa der heutigen Bevölkerungszahl von Europa entspricht. Die familiären Beziehungen innerhalb der Menschheit sind enger, als wir ahnen. Anthropologen haben die Vermutung geäußert, daß das Australopithecus-Weibchen, genannt »Eva«, die Urmutter aller Menschen sein könne.

Denen, die angesichts der Weltbevölkerungszahl am Glauben ihrer genetischen Einzigartigkeit festzuhalten geneigt sind, sei in Erinnerung gebracht, daß noch vor 2000 Jahren in dem großen römischen Weltreich nicht mehr Menschen lebten als im heutigen England.

Unser aller Erbgut ist sehr viel homogener, als es den Anschein hat. Selbst die Aufteilung in einzelne Rassen liegt nicht länger zurück als 15000 bis 20000 Jahre. Es spricht vieles dafür, daß die Wiege der Menschheit in Afrika stand. Als Menschen sind wir eine große Familie, so verstörend oder tröstlich das für manche auch sein mag.

Mein Großvater mütterlicherseits hat genealogische Forschungen betrieben und mir ein Kreisdiagramm vermacht, das die Verzweigung unserer Familie über sieben Generationen zurückverfolgt. Es zeigt seine beiden Eltern in der Kreismitte, die umschlossen wird von einem nach Anzahl deren Mütter und Väter vierfach unterteilten Ring; der anschließende Ring ist achtfach unterteilt, der nächste sechzehnfach und so weiter. Der äußere Ring listet 128 Vorfahren auf. Es erstaunt, wie viele verschiedene Familiennamen in so relativ kurzer Zeit auftauchen, was wiederum als Beleg anzusehen ist für den enorm weitreichenden Einfluß selbst bei engster Familienfolge. Wir können mit Gewißheit davon ausgehen, sehr viel mehr Verwandtschaft um uns herum zu haben, als wir ahnen.

Unser ererbtes Gedächtnis

Daß unser ererbtes Gedächtnis das gesamte und der Möglichkeit nach zu sichtende Panorama der Menschheitsgeschichte enthält, ist ein so ernüchternder wie integrativer Gedanke. Danach wirkt sich auf uns der Erfahrungsschatz all unserer Ahnen aus; sie blicken uns gleichsam durch die Jahrtausende hinweg über die Schulter.

Biologisch betrachtet, enthalten die Chromosomen des befruchteten Eis die von unseren Vorfahren gesammelten Informationen. Deren verfügbare Menge steht jedoch im umgekehrten Proportionsverhältnis zur Anzahl der Generationen.[5] Die Hälfte unserer Chromosomen stammt von den Eltern, ein Viertel von den Großeltern, ein Achtel von den Urgroßeltern usw. Das Erbe aus weit zurückliegenden Generationen liegt demnach nur noch in molekularer (oder homöopathischer) Potenz vor. Gleichwohl nimmt es nach wie vor Einfluß, der allerdings nicht näher zu bestimmen ist, es sei denn durch Erforschung des Unbewußten.

[5] Jacob, *The Logic of Living Systems*.

Dr. Helen Wambach hat mit Hilfe hypnotischer Regression Inkarnationserinnerungen erforscht und herausgefunden, daß sich die Mehrzahl ihrer Probanden an voraufgegangene Existenzen in bescheidenen, archaischen Verhältnissen erinnern konnte. 90 Prozent verwiesen auf ein Leben als Sammler, nomadische Jäger oder Bauern, während sich nur zehn Prozent an privilegiertere Umstände erinnerten.[6]

Die moderne westliche Welt mißachtet die Stimmen aus der Vergangenheit. Im Sinne unseres Verständnisses von Zivilisiertheit schotten wir uns ab gegen die primitiven, archaischen Aspekte unserer Natur, die sich Bahn brechen müssen, um Aufmerksamkeit zu finden. Ein solcher Durchbruch wird nicht selten mit Wahnsinn in Verbindung gebracht. Immerhin haben in jüngerer Zeit der Trend »Zurück zur Natur« oder die feministische Rückbesinnung auf die »Große Göttin« Wege eröffnet, über die diese Energien zur Geltung gelangen können. Manche von uns beginnen zu erkennen, welche Reichtümer unsere ererbten Erinnerungen bereithalten und wie zu bergen ist, was uns an Weisheit und Erfahrung von alters her mitgegeben wurde.

Channeling

Unter Channeling ist die Kommunikation mit Geistwesen aus anderen Zeiten oder anderen Dimensionen zu verstehen. Es gibt zahlreiche Beispiele für spontane Offenbarungen aus früheren Leben, und die Lehren aus gechannelten Botschaften stoßen auf großes Interesse. Zahlreiche Publikationen gehen ausführlich auf diese Erfahrungen ein; darum sei im vorliegenden Buch auf eine zusätzliche Ausführung verzich-

[6] Wambach, a.a.O., S. 181, und Michael Talbot, *Your Past Lives*, S. 5.

tet. Das Phänomen als solches ist fraglos weitverbreitet und den meisten fundamental-christlichen Konfessionen durchaus vertraut. Psychologen wie William James, C. G. Jung, Dr. Lawrence LeShan und Dr. Stanislav Grof haben es in ihre Arbeit miteinbezogen.

Channeling und Reinkarnation sind eng miteinander verbunden. Als Gegenstände intensiver Beschäftigung sind beide gleichermaßen erhellend, aber auch in hohem Maße subjektiv. Die Auswertung einer gechannelten Botschaft kann ebenso schwierig und verwirrend sein wie die Verifizierung von Erfahrungen aus einem vergangenen Leben. Im folgenden soll kurz auf die innere Beziehung zwischen Channeling und Reinkarnation eingegangen werden.

Gegen Ende des vorigen Jahrhunderts gelangten auf dem Wege des Channelings östliche Weisheitslehren in den Westen. Hellsichtige Medien der theosophischen Bewegung wie Madame Blavatsky, Annie Besant oder Helena Roerich plädierten erfolgreich für eine Erforschung des Spirituellen.

Der Glaube an Channeling fällt auf fruchtbaren Boden, da wir allesamt für wahr halten wollen, daß es ein Leben nach dem Tod gibt oder daß Geistwesen existieren, denen daran gelegen ist, ihre Weisheiten kundzutun. Dem Wunsch nach Erfahrung übernatürlicher Kräfte bietet sich die Aussicht auf kommunikativen Kontakt mit Verstorbenen, insbesondere jüngst verstorbenen Verwandten geradezu an. Auch die vielen als Schwindler ausgemachten Personen, die vor allem in der viktorianischen Zeit als Medien aufgetreten sind, haben der herausragenden Bedeutung medialer Aufschlüsse keinen Abbruch tun können. Der Möglichkeit nach gewähren gechannelte Botschaften wertvolle Einblicke in voraufgegangene Inkarnationen oder die erwähnte Akasha-Chronik, aber auch Ausblicke auf Zukünftiges.

In vielen großen Religionen und Sekten sind gechannelte Botschaften von zentralem Stellenwert. Mohammed gilt als Übermittler des von Allah formulierten Korans; die Visionen von George Fox wurden zur Grundlage des Glaubens der Quäker; und Joseph Smiths Kontakt mit dem Engel Moroni hatte das Buch Mormons zur Folge. Als ein weiteres Beispiel könnte die Offenbarung des Johannes genannt werden. Solche Leute waren oft fähig, in Zungen zu reden, und wurden für ihre Bemühungen entweder verehrt oder verdammt. Zu den prominenten Übermittlern unserer Zeit zählen Edgar Cayce, Alice Bailey oder Jane Roberts. Sie und viele andere haben große Aufmerksamkeit auf sich gelenkt und zur Entstehung der »New Age«-Bewegung beigetragen.

Auch die transpersonale Psychologie greift ins Jenseitige aus. Sowohl Freud als auch Jung haben sich, was vielfach unterschlagen wird, in frühen Arbeiten intensiv mit okkulten Themen beschäftigt, um deren Anwendbarkeit auf die moderne Psychologie zu erforschen. Darauf geht Nandor Fodor in seinem Buch *Freud, Jung and Occultism* (»Freud, Jung und Okkultismus«) ausführlich ein, insbesondere auf Jungs »gechannelte« Schrift *Septem Sermones ad Mortuos*. Alice Baileys »gechannelte« Arbeiten über esoterische Psychologie und Astrologie wurden zur Quelle der von Roberto Assagioli entwickelten Theorie und Therapie der Psychosynthese.

In heutiger Zeit erfreuen sich »Kanäle«, also die Medien, die im Zustand der Trance Botschaften aus paranormalen Quellen überbringen, wachsender Popularität. Um so wichtiger wird die Frage danach, welche Relevanz deren Informationen für jeden einzelnen von uns hat. Wir geben in all unseren Äußerungen zu Themen der Kunst, der Philosophie, Religion oder Lebensführung auch indirekt Hinweise preis auf unsere vergangenen Inkarnationen, Hinweise, die als solche empfangen werden von denen, die inkarnierte Zeitgenossen dieser unserer Präexistenzen waren. Entsprechende Rückmeldungen durch solche Personen beglaubigen und bereichern unser Dasein.

Channeling eröffnet außerdem Wege, über die wir mit tieferen Schichten unserer selbst in Berührung kommen. Wir werden von solchen Kanälen (Medien) angezogen, welche in uns Gefühle und Gedanken evozieren, die uns wertvoll erscheinen. Wer in dieser Hinsicht nicht zu differenzieren versteht und jeder vermeintlich gechannelten Botschaft blindlings vertraut, hat für gewöhnlich große Schwierigkeiten, das eigene Wesen auszuloten. Es ist darum notwendig, daß wir Qualität und Spiritualität der übermittelten Inhalte richtig einzuschätzen lernen.

Der Parapsychologe Lawrence LeShan hat diesen Komplex eingehend untersucht und auf verschiedene mögliche Erklärungen zurückgeführt: Entweder stammen die gechannelten Botschaften, erstens, tatsächlich, wie behauptet, von Geistwesen, oder sie sind, zweitens, als Eingebungen des kollektiven Unbewußten beziehungsweise als Adressen der Teilpersönlichkeit des Mediums zu verstehen oder aber, drittens, als ein Phänomen, von dem bislang noch nichts bekannt ist.[7]

Zu diesen drei Möglichkeiten sei eine vierte hinzugefügt, die in Betracht zieht, daß die inneren Stimmen unserer vorausgegangenen Inkarnationen Absender solcher Mitteilungen sein könnten.

[7] LeShan, *Alternate Realities.*

12
Astrologische Reinkarnation

Wie an anderer Stelle erörtert, ist in erster Linie der Astralkörper für die Übermittlung von charakterlichen Merkmalen auf nachfolgende Inkarnationen ursächlich; er ist gleichzeitig das Organ, durch das wir planetarische Einflüsse aufnehmen, assimilieren und nutzbar machen. Was läge näher als der Versuch, die astrologische Wirkung auf Inkarnationsprozesse zu ergründen?

Der britische Astrologe, Okkultist und Theosoph Alan Leo (1860–1917) war in seiner astrologischen Arbeit vom Gedanken der Reinkarnation getragen und entwickelte einen Ansatz, der der modernen Astrologie in Großbritannien die Richtung wies.[1] Schon als Heranwachsender war er davon überzeugt, daß unsere Seelen in einem Abhängigkeitsverhältnis zu den Sternen stehen und daß Astrologie als Reinkarna-

[1] Cornelius, *The Moment of Astrology*, S. 178ff.

tionswissenschaft zu begründen sei. Darum beschäftigte er sich intensiv mit der Erforschung karmischer Gesetze und legte in seinem Buch *Esoteric Astrology* seine Theorie von den karmischen Grundprinzipien der Astrologie dar. Darin heißt es:

> Mein Zutrauen in die Wissenschaft von den Sternen steht und fällt mit Karma und Reinkarnation; ohne diese alten Weisheiten hat Geburtsastrologie auf Dauer keinen Wert.[2]

Die indische Astrologie mit ihrer eigentümlich harmonischen Gliederung des Tierkreises diente seiner Arbeit als Vorlage, denn es kam ihm darauf an, die westliche Astrologie mit der hinduistischen Lehre von der Transzendenz der Seele in Einklang zu bringen. Darin, daß diese Lehre von der Persönlichkeit absieht und vielmehr Gestalt und Funktion des höheren, inneren Körpers in den Mittelpunkt der Betrachtung rückt, sah Leo den Ansatz für eine tiefere, aussagekräftigere Astrologie.

Aus vielen Horoskopen konnte er Inkarnationseinflüsse ablesen und seinen Klienten offenbaren, welche Eigenschaften sie in ihr gegenwärtiges Leben mitgebracht hatten. Es gelang ihm jedoch nicht, detaillierte Aussagen zu machen im Hinblick auf frühere Leben.

Rückläufige Planeten und Reinkarnation

Der Astrologe Martin Schulman korreliert die Bewegung retrograder Planeten (Planeten, die aus Sicht der Erde auf ihrer Bahn zeitweise umzukehren scheinen) mit Reinkarnation.[3]

[2] Leo, *Esoteric Astrology*, S. 7.
[3] Schulman, *Karmic Astrology: Retrogrades and Reincarnation.*

Ein solcher Ansatz bietet sich an, denn während die Vorwärtsbewegung dem Gang des Lebens von der Geburt in die Zukunft entspricht, kann die gegensinnige Bewegung all jenen Einflüssen zugeordnet werden, die in der Vergangenheit ihren Ausgang nehmen. Schulman geht davon aus, daß diese retrograden Planeten nicht nur auf vergangene Tage, Monate oder Jahre, sondern darüber hinaus auf ehemalige Inkarnationen zurückweisen und in ihren Bewegungen Erinnerungen an diese Leben mitschwingen lassen.

Der astrologische Blick auf retrograde Bewegungen mag uns zusätzlich dazu ermutigen, unser ererbtes Karma zu identifizieren und zu überwinden. Zwar kann auch Schulman nicht erkennen, welche Einflüsse wann zum Tragen kommen, doch er nimmt als gegeben an, daß sich magnetische Strahlen aus der Vergangenheit maßgeblich auf unsere Psyche und spirituelle Entwicklung in diesem Leben auswirken. Um den uns prägenden Einflüssen auf die Spur zu kommen, müssen wir zu der Einsicht gelangen, daß wir weit weniger der Gegenwart verhaftet sind, als gemeinhin angenommen; sehr viel stärker wirken sowohl Vergangenheit als auch Zukunft auf uns ein.

Als »retrograde Individuen« bezeichnet Schulman diejenigen, die in ihrem Geburtshoroskop drei oder mehr retrograde Planeten, mindestens einen Rückläufer aus unserem Sonnensystem (Merkur, Venus oder Mars) oder irgendeinen retrograden Planeten in Nachbarschaft zum Aszendenten und zur Himmelsmitte (Medium Coeli) haben.[4] Solche Personen kennzeichnet eine nicht-materialistische Grundeinstellung; sie neigen zu einer visionären Anschauung der Welt und erfahren – in den Phasen der Rückwärtsbewegung der Planeten – karmische Lektionen in Form von Überlebenskämpfen.

[4] ebd., S. 22.

In solchen Phasen lasten die astralen Einflüsse, die karmische Signale setzen, besonders schwer auf der betreffenden Person. Nichtsdestotrotz können diese Signale profunde spirituelle Erfahrungen in Gang setzen.

Astrologische Reinkarnation

Der Psychologe Carl Gustav Jung war der Ansicht, daß die Menschheit im Zuge ihrer jahrtausendelangen Beschäftigung mit Astrologie und Sterndeutung einen Großteil ihrer gesammelten Kenntnisse und Erfahrungen auf die Gestirne projiziert habe und daß dieses kollektive Wissen abrufbar sei für solche Personen, die aus diesen Projektionen zu schöpfen verstehen.

Auch wir gehen davon aus, daß die Himmelskörper historische Prozesse und karmische Bestimmungen abbilden, daß es eine astrologische Brücke gibt, die unser gegenwärtiges Leben mit der Vergangenheit verbindet. Ich habe ein entsprechendes Ideensystem in meinem Buch *The Divine Plot: Astrology and Reincarnation* (»Die göttliche Handlung: Astrologie und Reinkarnation«) zu entwickeln und darzustellen versucht.

Die Prüfung der astrologischen Reinkarnationstheorie beginnt mit der eingehenden Untersuchung der eigenen Bedürfnisse und Wünsche, Interessen, Verhaltensmuster und dergleichen. Wir tragen sämtliche Daten der Menschheitsgeschichte in codierter Form in uns, doch der Zugang zu diesem Schatz an Wissen, Erfahrungen und Einsichten ist zumeist versperrt. Er öffnet sich mitunter in emotionalen Krisen, sexuellen Erfahrungen, in Trancezuständen oder unter dem Einfluß psychedelischer Drogen, kurz: in nicht alltäglichen Situationen. Das Phänomen ist bekannt: Traumbilder, aus tiefen Seinsschichten geborgen, verlöschen im Moment des Erwachens; das von der magischen Laterne des Unbewußten aufgerufene Genie entschwindet wie eine Schimäre.

Die Momente, in denen sich unser höheres Selbst meldet, sind selten und flüchtig. Wie lassen sich die Weisheiten aus vergangenen Zeitaltern, die wir in uns tragen, und unsere höhere, spirituelle Wirklichkeit, die anscheinend über uns angesiedelt ist, im Alltagsleben zur Erscheinung bringen? Wo liegt die Verbindung? Wie greifbar ist sie?

Das wache Bewußtsein verhält sich zu den tieferen und höheren Seinsbereichen wie das enge Spektrum des sichtbaren Lichts zur gesamten Bandbreite elektromagnetischer Strahlung. Was wir Bewußtsein nennen, ist nur der minimale Ausschnitt eines gewaltigen Potentials. Wie besprochen, weisen sowohl die Weisheitslehren des Ostens als auch die Geistesgeschichte des Westens darauf hin, daß Wirklichkeit und Möglichkeit der geistigen Anschauung ähnlich proportioniert sind. Von der unermeßlichen Fülle möglicher Erfahrungen nehmen wir durchschnittlich und zumeist nur einen winzigen Ausschnitt zur Kenntnis. In Blickrichtung auf die unsichtbaren Dimensionen schauen wir wie durch ein dunkles Glas. Also täuschen wir uns, was die Einschätzung ihrer Bedeutung für uns angeht, und verzichten auf die Anstrengung, durch Meditation oder spirituelle Praktiken Zugang zu ihnen zu gewinnen.

Um zu verstehen, welchen Platz wir im Gefüge des Seins einnehmen, ist es notwendig, ein Bezugssystem zu schaffen, das sich eignet, die Kluft zwischen der Inkarnationsgeschichte der Seele und unserem alltäglichen Leben zu überbrücken. Als ein solches System bietet sich die Astrologie an, denn sie bezieht sich auf beides – auf Weltliches und Übersinnliches.

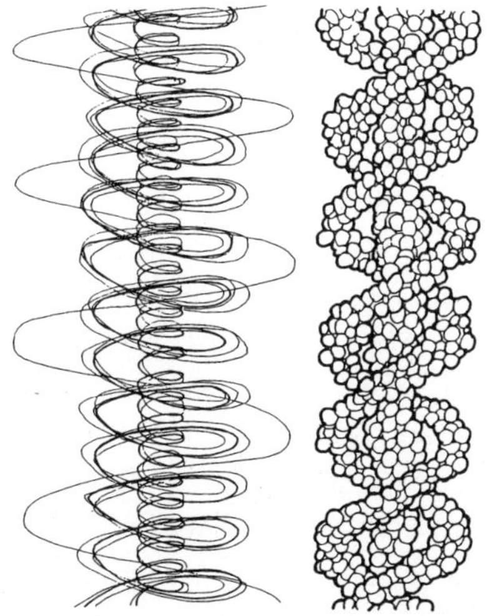

Abbildung 14: Die Spirale des Sonnensystems und das DNS-Molekül. Die Sonne umkreist das galaktische Zentrum und zieht die Planeten in einem spiralförmigen Reigen mit sich. Der Form dieser Spirale gleicht die Doppel-Helix des DNS-Moleküls.

Zum besseren Verständnis sei an dieser Stelle auf die Grundannahmen einer neuen, relationalen Betrachtung astrologischer Zusammenhänge kurz eingegangen.[5]

Die moderne Wissenschaft geht davon aus, daß Aussehen, Gesundheit, Temperament und Verhalten im wesentlichen festgelegt sind durch den genetischen Code, enthalten im DNS-Molekül einer jeden lebenden Zelle. Dieses Molekül hat die Gestalt einer Doppel-Helix, die als Informationsspeicher äußerst effizient und allen organischen Lebensformen

[5] vergl. mein Buch *Lebens-Zeit Astrologie*, worin dieser Gedanke ausführlich und anhand umfangreichen astrologischen Materials vorgestellt wird.

eigen ist. Es fällt auf, daß ihre Form der Spiralbewegung des Sonnensystems im All sehr ähnlich ist (siehe Abb. 14).

In der Physik bezeichnet der Begriff »Resonanz« den direkten Informationsaustausch zwischen ähnlichen, beliebig weit auseinanderliegenden Energiequellen. Partikel, die sich in ähnlichen Mustern bewegen, übertragen Informationen in beide Richtungen, und zwar schneller als Licht. Analoges vollzieht sich zwischen Personen, die einander auf Anhieb verstehen; wir sprechen davon, daß sie beim jeweils anderen eine Saite zum Schwingen bringen. Solche Resonanzen sind in der Astrologie von zentraler Bedeutung, denn die Bewegung der Planeten löst einen »Widerhall« im DNS-Molekül aus, das die biologischen Prozesse innerhalb jeder Zelle steuert.

Erstaunlicherweise hat jeder Mensch eine fast identische DNS-Struktur. Im Vergleich zu den strukturellen Gemeinsamkeiten nehmen sich die individualisierenden Unterschiede äußerst gering aus. Es sind jeweils nur kleinste Varianten in der DNS-eigenen Zusammenstellung von Informationen, die uns voneinander, von anderen Primaten oder Lebensformen unterscheiden. Wir haben daher alle Zugang zur selben universalen biologischen Informationsbank, aber wir wählen auf verschiedene Weise daraus aus. Dennoch überwiegt das, was uns ähnlich macht. Die Ähnlichkeiten können im physikalischen Sinne Resonanzen hervorrufen, wenn wir davon ausgehen, daß DNS-Moleküle als Sender und Empfänger wirken und nicht nur genetische Informationen übermitteln, sondern darüber hinaus auch Signale aus anderen Bereichen unseres Wesensspektrums. Gehirn und Nervensystem sind die Interpreten solcher Mitteilungen.

Die Astrologie stellt Korrelationen zwischen den Planetenbewegungen im Makrokosmos und dem genetischen Informationsaustausch im Mikrokosmos fest. Frühe Philosophen brachten dieses Verhältnis in Sätzen wie »der Makrokosmos ist der Mikrokosmos« oder »wie oben, so auch unten« zum Ausdruck. In Weiterführung dieser Analogie läßt sich sagen, daß im DNS-Molekül einer jeden Zelle unseres Körpers die gesamte Gattungsgeschichte aufgezeichnet ist und daß wir mit dieser DNS über ein resonanzempfängliches Organ verfügen, das uns die Möglichkeit eröffnet, aus dem Menschheitsgedächtnis, der Akasha-Chronik oder – mit Jungs Worten – aus dem kollektiven Unbewußten zu schöpfen.

Gelegentlich, in Traum oder Trance, finden wir unwillkürlich Zugang zu dieser Informationsquelle; aber sie erschließt sich uns auch in bewußter Anstrengung, durch geeignetes Training oder mit Hilfe der Astrologie, insbesondere dann, wenn diese auf Reinkarnation Bezug nimmt.

Reinkarnation ist ein Gedächtnis der vergangenen Leben, aber um zu entdecken, welche vergangenen Leben auf welchem Niveau des Lebensspektrums liegen, müssen wir, spirituelles Erbe und moderne Biologie kombinierend, ein Kontinuum beschreiben, das sich von primitiven Ursprüngen bis zu höchsten Entwicklungsstufen hinzieht. Dies ist deshalb wichtig, weil wir allesamt Spuren planetarischen Lebens in den Mineralstoffen unserer Körper mit uns tragen, animalische oder proto-humane Rückstände aus dem Leben unserer tierischen Vorfahren (in rudimentären Organen), Merkmale mythologischer Identitäten (archaischer Götter und Göttinnen), Eigenschaften unserer Vorfahren, Erfahrungen aus dem Zusammenleben mit anderen und Eindrücke aus dem molekular/spirituellen Seinsbereich der planetarischen oder galaktischen Seele. Normalerweise ist uns bloß unsere Teilnahme am familiären und öffentlichen Leben bewußt, gleichwohl erstreckt sich unser Dasein auch auf all die anderen genannten Dimensionen.

Wie östliche Religionen uns lehren und Steiner voraussetzte, sind wir alle Teil der spirituellen Hierarchie des Universums und in dieser Stellung Mittler zwischen dem Physischen und Geistigen. Uns sind Muster sämtlicher Variationen menschlichen Verhaltens eigen, ob in primitivster oder höchstentwickelter Ausprägung. Mit den Tieren gemein ist uns, daß wir einen Körper, Sinne und Triebe haben. Darüber hinaus kennzeichnet uns ein geistiges Streben, das die naturwüchsige Welt transzendiert.

Reinkarnation und Geschichte

Unsere psychisch/spirituelle Ausstattung ist gleichsam kartographisch dargestellt auf der Folie unserer Gattungsgeschichte, die wir durch alle Inkarnationen hindurch mit uns tragen. Zur Feststellung voraufgegangener Inkarnationen empfiehlt es sich, den Geschichtsverlauf in Entwicklungsstufen aufzugliedern, die sich jeweils einem der Tierkreiszeichen zuordnen lassen. Die so gestaltete Tabelle beginnt mit dem Erwachen des Bewußtseins zur Zeit unserer Cro-Magnon-Vorfahren vor über 50000 Jahren. Sie lösten die Neanderthaler an der Spitze der Evolution ab. Diese hatten eine gedrungene Gestalt, Überaugenwülste und keine Sprache, während der Cro-Magnon größer, feingliedriger gewachsen und insbesondere im Hinblick auf seine kommunikativen Möglichkeiten sehr viel weiter entwickelt war. Die Cro-Magnon-Menschen, die so aussahen und handelten wie wir, werden gemeinhin als die ersten Menschen bezeichnet.

Das Ende der gegenwärtigen Entwicklungsphase schreiben wir der bevorstehenden magischen Wende zum zweiten Jahrtausend zu, die einen 50000jährigen Geschichtszyklus abschließt. Diese Zeitspanne entspricht der zweimalig vollständigen Präzession der Äquinoktialpunkte, das heißt der rückläufigen Verschiebung der Ekliptik im Verhältnis zur Erdachse, welche zeitlich das sogenannte platonische oder Große Jahr ausmacht.

Die einzelnen Etappen, beginnend im Zeichen des Widders und endend im Zeichen der Fische, stehen für bestimmte historische Entwicklungen (siehe Abb. 15), so wie jeder Planet eines persönlichen Geburtshoroskops bestimmte Charaktereigenschaften und Verhaltensmuster symbolisiert und in den Zeiten seines Erscheinens entsprechende Einflüsse zur Geltung kommen läßt.

Die einzelnen Gradabschnitte jedes Tierkreiszeichens lassen sich korrelieren mit einem Datum auf der Zeitskala, so daß alle Eigenschaften unserer Persönlichkeit abgeleitet werden können aus den zu bestimmten Zeiten der Vergangenheit erfahrenen Entwicklungen. Oft und auf ganz natürliche Weise kommt Vergangenes in unserer Gegenwart zum Tragen, ohne daß wir davon Notiz nehmen. Im entfesselten Tanz zum Beispiel erleben wir frühsteinzeitliche Freiheitsbewegung, wie sie für die Zeit des Widders typisch ist; der Anblick der Pyramiden und der Sphinx evoziert die ägyptische Löwen-Zeit der Pharaonen; der Genuß eines Beethoven-Konzerts vermittelt Eindrücke höchster Ordnung, wie sie im Zeichen des Steinbocks zum Ausdruck kommt. Solche Evokationen begleiten uns ständig; sie bilden die Wurzeln unseres Lebens und informieren unser Tun. Je mehr wir von diesen historischen Ursachen und Strömungen verstehen, desto reicher und bedeutungsvoller kann unser Leben sein (siehe Abb. 16).

Das Diagramm dient der zeitlichen Ortung der 12 wichtigsten Inkarnationen unter Verwendung horoskopischer Daten

Zeichen	
AD 1950	
Fische	Institutionalismus Weltkriege; Chaos und Zusammenbruch; Isolationismus
1910	
Wassermann	Wissenschaften Nationalsozialismus; Idealismus; Wissenschaft; Evolution
1840	
Steinbock	Industrielle und nationale Revolution Kapitalismus; Reformen
1720	
Schütze	Renaissance; Humanismus Kolonialismus; Aufklärung; Philosophie
1500	
Skorpion	Feudalismus; Kreuzzüge; Mittelalter; Inquisition; Mystizismus; Kathedralen
1100	
Waage	Frühes Mittelalter; römisches Recht; Barbaren Synthese westlicher und östlicher Religionen und Islam
400	
Jungfrau	Klassizismus; Griechenland und Rom klassische Pantheons und Christentum
800 v. Chr.	
Löwe	archaische Heldenkönig-Religion und Hinduismus Zivilisation; Individualität; Ägypten
3000	
Krebs	neolithische Kulte; Fruchtbarkeitsgöttinnen Religion; Städte; Kernfamilie; Nippur
7000	
Zwillinge	mesolithische Stammeskulte Sprache; Ortschaften; Grundbesitz
14000	
Stier	spät-paläolithische Erdmütterkulte Mutter Erde; Fruchtbarkeit
26000	
Widder	paläolithische Himmelskulte Nomadentum; Bewußtsein
48000	

Abbildung 15: Der Verlauf der Geschichte

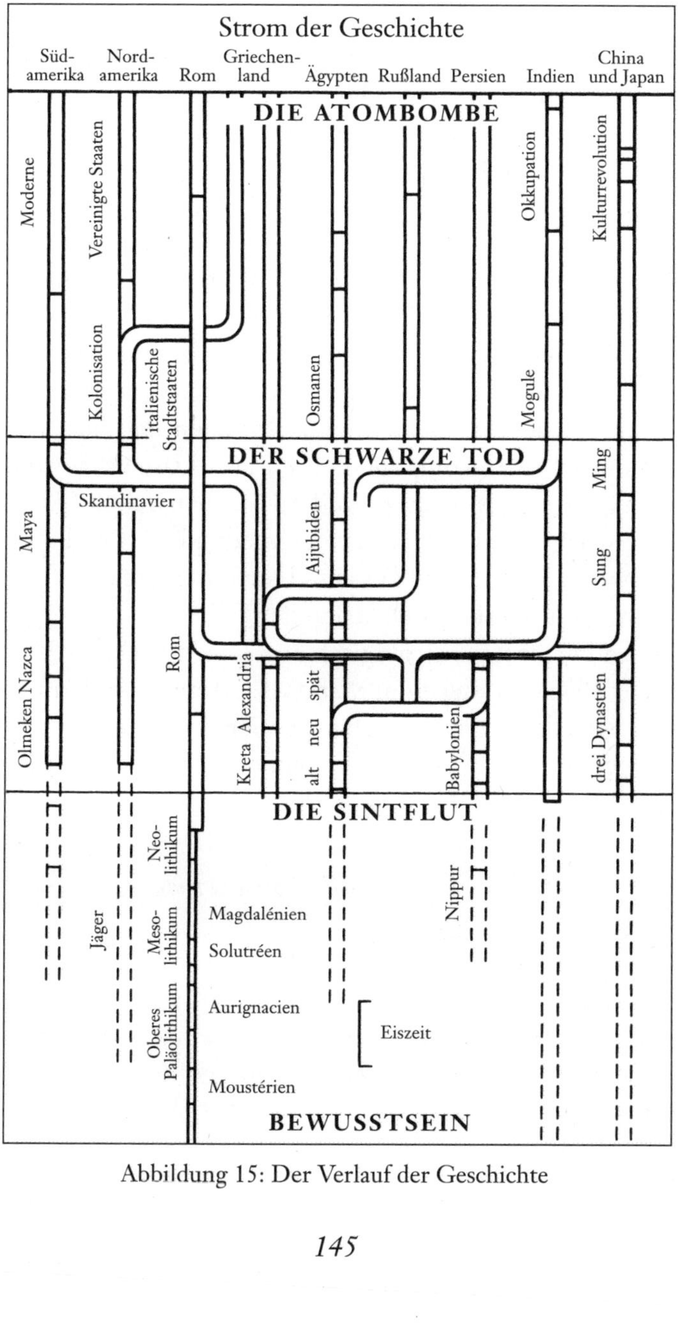

Abbildung 15: Der Verlauf der Geschichte

(Planetenkonstellation, Aszendent und Himmelsmitte). In der Tabelle der Tierkreiszeichen, denen bestimmte historische Kalenderdaten zugeordnet sind, weist zum Beispiel die jeweilige Position der Sonne auf Zeitabschnitte hin, in denen unsere maskuline Energie und spirituelle Ausrichtung durch eine Inkarnation festgelegt wurde. Die Bandbreite reicht vom urwüchsigen Höhlenbewohner (korrespondierend mit der Widder-Zeit) bis hin zum gelassen distanzierten Gentleman aus viktorianischer Zeit (Wassermann).

Das Zeichen der Sonne ist den meisten vertraut, aber auch der Mond und die acht Planeten sind Stammgäste in den Abschnitten der einzelnen Tierkreiszeichen und bezeichnen somit die anderen Komponenten unseres Daseins, sowohl in der Gegenwart als auch zu anderen Lebenszeiten. Als Annahme wird vorausgesetzt, daß sich jede planetarische Qualität unseres gegenwärtig gültigen Horoskops auf eine frühere Zeit als deren Herkunft beziehen läßt.

Wenn wir unsere astrologischen Zeichen und die Positionen der Planeten, der Sonne und des Mondes in den Gradabschnitten der Tierkreiszeichen kennen, können wir diese auf entsprechende Zeitphasen der Reinkarnationszeittafel übertragen.[6]

Unsere planetarischen Inkarnationen

Aus astrologischer Sicht repräsentiert jeder Planet unseres Horoskops einen bestimmten Aspekt unseres Wesens, der zu einem früheren Zeitpunkt der Geschichte nach Maßgabe der jeweiligen Position dieses Planeten ausgebildet wurde. Gleichermaßen repräsentiert jedes Tierkreiszeichen eine Phase in

[6] Vgl. mein Buch *The Divine Plot: Astrology and Reincarnation* zur vertiefenden Lektüre.

der Geistesentwicklung der Menschheit. Die verschiedenen Phasen dieses Prozesses sind in uns vertreten, und eine jede erstrebt für sich eine Vorrangstellung. Jeder Planet entspricht einem archetypischen Verhaltensmuster und ist in dieser Hinsicht einer spezifischen Zeit zugeordnet. Unsere Aufgabe besteht darin, diese historischen Zusammenhänge von Planeten und Inkarnationen zu erkennen und in ein Ganzes zu integrieren.

In unserer persönlichen Lebensgeschichte werden planetarische Einflüsse identifiziert mit Personen, die Einfluß auf uns ausüben, oder mit Aspekten unseres Selbst, die diesen Einflüssen zuzuschreiben sind. Im übertragenen Sinne stellt sich für uns die Sonne als eine archetypische Vatergestalt dar; sie verkörpert das maskuline Prinzip in uns, das wir auch auf andere projizieren, die uns auf väterliche Art begegnen. So ist auch die Sonne Metapher für die Qualitäten des wachen Bewußtseins und für Objektivität. Historisch betrachtet, reflektiert die Sonne als männliche Inkarnation die zur gegebenen Zeit vorherrschende Einstellung zum maskulinen Prinzip. Die Sonne im Zeichen des Wassermanns – kennzeichnend für die viktorianische Epoche zum Ausgang des 19. Jahrhunderts – spricht für eine distanzierte, patriarchal und idealistisch gesinnte Vatergestalt, die als männlicher Archetypus unser Denken und unsere Moralvorstellungen beherrscht.

Der Mond symbolisiert das Weibliche allgemein und die femininen Aspekte in uns, unsere Gefühle, emotionalen Neigungen und Wertmaßstäbe. Ein Widder-Mond verweist auf eine Inkarnation in der Zeit um 40000 v. Chr. und indiziert emotionale, spontane Beziehungen, wie sie innerhalb einer Stammesgemeinschaft typisch sind. Unter dem Einfluß einer solchen astrologischen Konstellation zum einen und der historischen Inkarnation als »Höhlenbewohnerin« zum

Logarithmische Zeittabelle von 48000 v. Chr. bis 1950 n. Chr.

Grad	Fische	Wassermann	Steinbock	Schütze	Skorpion	Waage
00	Jan 1911	Nov 1841	Okt 1719	•Jan 1500	1109 AD	419 AD
01	Okt 1912	Nov 1844	März 1724	Juli 1509	1128	449
02	Juni 1914	Nov 1847	Mai 1729	Okt 1518	1143	478
03	Jan 1916	Sept 1850	Juli 1734	Dez 1527	1161	507
04	Aug 1917	Aug 1853	Aug 1739	Dez 1536	1177	536
05	März 1919	Mai 1956	Juli 1744	Sept 1545	1192	564
06	Okt 1920	Jan 1859	Mai 1749	•Mai 1554	1208	591
07	April 1922	Okt 1861	März 1754	Nov 1562	1223	618
08	Sept 1923	Mai 1864	Nov 1758	Feb 1571	1237	644
09	März 1925	Dez 1866	Juni 1763	Jan 1579	1252	670
10	Aug 1926	Juni 1869	•Dez 1767	April 1587	1266	695
11	Jan 1928	Dez 1871	April 1772	Feb 1595	1280	720
12	Mai 1929	Mai 1874	Aug 1776	Nov 1602	1294	744
13	Sept 1930	Okt 1876	Nov 1780	Mai 1610	1307	768
14	Jan 1932	Feb 1879	Jan 1785	Okt 1617	1320	791
15	April 1933	Juni 1881	Feb 1789	Jan 1625	1333	814
16	Aug 1934	Sept 1883	Feb 1793	März 1632	1346	837
17	Okt 1935	Nov 1885	Feb 1797	März 1639	1358	859
18	Jan 1937	Jan 1887	Dez 1800	Jan 1646	1371	881
19	April 1938	März 1890	Sept 1804	Okt 1652	1383	902
20	Juni 1939	•April 1892	Juni 1808	Mai 1659	1394	• 923
21	Juli 1940	April 1894	Jan 1812	Okt 1665	1406	943
22	Sept 1941	Mai 1896	Aug 1815	März 1672	1417	964
23	Okt 1942	April 1898	Feb 1819	Juli 1678	1428	984
24	Nov 1943	März 1900	Aug 1822	Juli 1684	1439	1002
25	Dez 1944	Feb 1902	Dez 1825	Juli 1690	1450	1021
26	Jan 1946	Dez 1903	April 1829	Mai 1696	1460	1040
27	Jan 1947	Okt 1905	Juli 1832	März 1702	1470	1058
28	Jan 1948	Aug 1907	Sept 1835	Okt 1707	1480	1076
29	Jan 1949	Mai 1909	Okt 1838	Mai 1713	1490	1094
30	•Jan 1950	Jan 1911	Nov 1841	Okt 1719	• 1500 AD	1109 AD

N. B. 0° und 30° im nächsten Zeichen fallen zeitlich aufeinander.

Abbildung 16: Reinkarnationszeittabelle

Grad	Jungfrau	Löwe	Krebs	Zwillinge	Stier	Widder
00	811 v. Chr.	•3000 v. Chr.	6891 v. Chr.	13811 v. Chr.	26117 v. Chr.	•48000 v. Chr.
01	758	2905	6722	13511	25583	47050
02	705	2818	6557	13216	25059	46118
03	654	2720	6394	12927	24544	45203
04	604	2630	6234	12643	24040	44306
05	554	2543	6078	12365	23545	43426
06	506	2456	5924	12092	23059	•42563
07	458	•2371	5774	11824	22583	41716
08	412	2288	5626	•11561	22116	40885
09	366	2206	5481	11304	21658	40070
10	•321	•2127	5339	11050	•21208	39270
11	277	2048	5200	10803	20767	38486
12	233	1971	5063	10559	20334	37716
13	191	1896	4928	10321	19910	36962
14	149	1822	4597	10087	19493	36221
15	108	•1749	4668	9857	19085	35494
16	68	1678	4501	9632	18684	34782
17	29 BC	1608	4417	9411	18291	34083
18	10 AD	1540	4295	9194	17905	33397
19	• 48	1472	4175	8981	17527	32725
20	• 84	1406	4058	• 8772	17156	32065
21	121	1341	3943	8567	16792	31417
22	157	1278	3830	8366	16435	30782
23	192	1216	3719	8170	16084	30159
24	223	•1155	3610	• 7976	15741	29548
25	•260	1095	3503	7787	15404	28948
26	293	1036	3399	7601	15073	28360
27	325	978	3296	7418	•14748	27783
28	357	921	3196	7239	14430	27217
29	388	966	3096	7064	14118	28662
30	419 v. Chr.	811 v. Chr.	•3000 v. Chr.	6891 v. Chr.	13811 v. Chr.	26117 v. Chr.

anderen verhalten wir uns impulsiv, reagieren aggressiv auf Bedrohungen und wahren zu anderen Distanz.

Die Positionen der Sonne und des Mondes sowie ihre Konstellation zueinander lassen erkennen, welche maskulinen beziehungsweise femininen Züge wir in uns tragen und wie diese zu harmonisieren sind. Wenn wir wie im genannten Beispiel eine Höhlenbewohnerin und einen viktorianischen Gentleman in uns haben, werden wahrscheinlich Kommunikations- und Integrationsprobleme auftreten. Unter Berücksichtigung ihrer historischen Herkunft und jeweiligen Bedürfnisse und in Anbetracht des Umstandes, daß sie sich uns als voraufgegangene Inkarnationen mitzuteilen wünschen, wird es uns möglich sein, die beiden Seiten, so verschieden sie auch sein mögen, vorteilhaft miteinander zu verbinden.

Sonne, Mond und Planeten lassen sich in drei Gruppen unterteilen, die wiederum bestimmte Schichten unseres Seins repräsentieren. Jene Himmelskörper, die der Erde am nächsten sind – Sonne, Mond, Merkur, Venus, Mars, Jupiter und Saturn – bezeichnen wir als innere, »persönliche« Planeten, da sie nach astrologischem Verständnis auf individuelle Merkmale, Gefühle und Ausdrucksformen verweisen sowie auf die prägenden Einflüsse aus familiärer Umgebung.

Den äußeren, »kollektiven« Planeten Uranus, Neptun und Pluto werden solche Einflüsse zugeschrieben, die Gesellschaft, Politik und Medien ausüben.

Die persönlichen Punkte bilden der Aszendent und die Himmelsmitte im Augenblick der Geburt. Sie beschreiben unsere Persönlichkeit (Aszendent) und unser Ego (Himmelsmitte). Diese Punkte stehen stets in verschiedenen Tierkreiszeichen und besagen, daß zwischen unserer Persönlichkeit und unseren Lebenszielen immer ein Spannungsverhältnis besteht. Sie weisen außerdem darauf hin, daß unsere Persönlichkeit ihren Ursprung in einer archetypischen Geschichtsepoche hat. Der Aszendent im Bild des Schützen zum Beispiel korrespondiert mit der Renaissance. Die zu dieser Zeit vorherrschenden Einstellungen sind kennzeichnend für solche Personen, die unter dieser Konstellation geboren sind; ihnen sind eine humanistische, optimistische Grundhaltung und die Bereitschaft für neue, herausfordernde Erfahrungen eigen. Steht die Himmelsmitte (Ego) im Fische-Zeichen, das dem frühen 20. Jahrhundert zugeordnet ist, so ist zu vermuten, daß die voraufgegangene Inkarnation eine Person war, die in hohem Maße beeinflußt wurde durch die Weltgeschichte, durch die Medien und durch neue Ideen und gleichzeitig jenen Mangel an formaler Präzision erkennen ließ, der für dieses Sternzeichen charakteristisch ist. Auch das nachfolgende Ego wird diese Qualitäten aufweisen.

Theoretisch möglich, aber äußerst unwahrscheinlich ist es, daß jeder der zehn Planeten sowie beide persönlichen Meßpunkte in jeweils verschiedenen Tierkreiszeichen stehen. Jeder Person ist eine einzigartige Planetenkonstellation in den Zeichen zugeschrieben. Anhand dieser Konstellation lassen sich Intervalle und Unterschiede zwischen den voraufgegangenen Inkarnationen bestimmen. Eng beieinander gruppierte Planeten weisen auf mehrere Inkarnationen innerhalb eines relativ kurzen Zeitabschnitts hin; umgekehrt ist einer breiten Streuung abzulesen, daß zwischen einzelnen Inkarnationen größere Zeiträume gelegen haben. Von einem günstigen oder weniger günstigen Muster zu sprechen wäre falsch; es ist aber hilfreich, verstehen zu lernen, welches Muster unsere vergangenen Leben beschreibt.

Jeder Planet repräsentiert einen bestimmten Personentyp, der mit einem vergangenen Leben korrespondiert, und hat darüber hinaus seine je eigenen Qualitäten und Persönlichkeitsmerkmale. Von all diesen besitzen wir Anteile, so zum Beispiel vom kriegerischen Mars und vom femininen Mond. Die Frage ist: Wann traten diese Typen ins Dasein, und wie beziehen sie sich in uns aufeinander? Jeder Planet und persönliche Meßpunkt fällt in eine der drei großen Geschichtsepochen: das mythologische Zeitalter (48000–3000 v. Chr.), das Zivilisationszeitalter (3000 v. Chr.–1500 n. Chr.) und das Zeitalter der Individualität (1500–1950 n. Chr.). Wir tragen somit Götter und Göttinnen aus den Zeichen Widder, Stier, Zwillinge und Krebs in uns, historische Archetypen aus den Zeichen Löwe, Jungfrau, Waage und Skorpion sowie individualisierte Persönlichkeiten aus den Zeichen Schütze, Steinbock, Wassermann und Fische. Der Krieger in uns mag eine Inkarnation aus der jüngeren Vergangenheit und die Frau in uns eine archaische Göttin sein.

Jeder Planet steht für Typen und Inkarnationen aus jeder der drei Epochen. Die Sonne repräsentiert Schöpfergötter, Heroen, Könige, Patriarchen, Herrscher, Kirchenfürsten, Lords und Präsidenten und verweist auf maskuline Archetypen des Vaters und des weisen alten Mannes. Sie beschreibt eine maskuline Inkarnation, in der wir Bewußtsein und Objektivität zum Ausdruck brachten und anderen spirituelle Führung zukommen ließen.

Der Mond repräsentiert Schöpfergöttinnen, Erdmütter, Mondgöttinnen, irdische Gottheiten, Königinnen, Heldinnen, bedeutende Frauen und Mütter. Er steht für jene Inkarnation, in der wir die femininen Archetypen der Großen Mutter und der weisen alten Frau zum Ausdruck brachten wie auch unser Unbewußtes und unsere Gefühle.

Der Merkur repräsentiert die Titanen, Intellektuelle, Denker, Redner, Autoren, Kritiker, Mystiker, Alchemisten und Magier. In der entsprechenden Inkarnation wurden mentale und kommunikative Fähigkeiten und Geschäftssinn entwickelt, kamen Flexibilität und ein weitgefächertes Interesse zum Ausdruck.

Die Venus repräsentiert Fruchtbarkeitsgöttinnen, Gottheiten der Künste und der Musik, Liebesgötter und -göttinnen, Künstler, Musiker, Architekten, Poeten, Schriftsteller, Schauspieler, Liebhaber, Kurtisanen und junge Frauen. Sie steht für eine Inkarnation, in der sich unsere ästhetische, kreative und sympathisierende Natur ausbildete.

Der Mars repräsentiert Götter und Göttinnen des Krieges und des Streits, Heroen, Eroberer, Generäle, Politiker, Amazonen, Entdecker, Tyrannen, Märtyrer, Athleten, gewalttätige Menschen und junge Männer. In der ihm zuzuordnenden Inkarnation brachten wir unsere Individualität und Gegnerschaft anderen gegenüber auf aggressive Weise zum Ausdruck.

Jupiter repräsentiert Götter und Göttinnen der Weisheit, Propheten, Religionsstifter, Philosophen, Psychologen, Weise und Heilige. Ihm verdanken wir eine Inkarnation, in der wir Religiosität und Spiritualität entwickelten.

Der Saturn repräsentiert strenge, ordnungsgebietende Götter und Göttinnen, Gottheiten des Materiellen, Wissenschaftler, große Denker, Ärzte, Mathematiker, Akademiker, Erfinder und Kaufleute. Er steht für eine Inkarnation, die sich durch ein gesteigertes Struktur-, Traditions- und Ordnungsbewußtsein auszeichnete; zu dieser Lebzeit entwickelten wir Konzentrationsvermögen und ein Bewußtsein von dessen Möglichkeiten und Grenzen.

Der Uranus repräsentiert Herrschergötter und -göttinnen individueller Ausprägung, dramatische Wandler von Gestalt und Charakter, Exzentriker, Freiheitskämpfer, originelle Wissenschaftler, Individualisten, schöpferische und unabhängige

Menschen. Er symbolisiert eine Inkarnation, in der Individualität, Einzigartigkeit und Freiheitsstreben zum Tragen kamen.

Neptun repräsentiert Götter und Göttinnen der Psyche, der geistigen Prozesse, der Phantasie, Imagination und idealistischen Spiritualität, Medien, Mystiker, Träumer und Drogenabhängige. Er symbolisiert eine Inkarnation, in der wir unsere höchsten Ideale und Wünsche zum Ausdruck brachten und unserem spirituellen, höheren Selbst freie Hand ließen.

Pluto repräsentiert die Götter und Göttinnen der Unterwelt, Revolutionäre, gewalttätige Tyrannen und Herrscher, Massenmörder, Krieger, Staatsmänner und Politiker. In der ihm unterstellten Inkarnation kamen dramatische und weitreichende Veränderungen zum Tragen, der Wunsch, die Welt zu verändern, sowie eine große, impulsive, auf Umgestaltung gerichtete Energie.

Wie erwähnt, stehen die persönlichen Punkte des Geburtshoroskops für Persönlichkeit und Ich-Bewußtsein. Der Aszendent beschreibt unsere Persönlichkeit, Charaktermerkmale, oft auch äußere Erscheinung und Geschmack, unser Handeln und unser Verhalten anderen gegenüber. Er symbolisiert eine Inkarnation, in der wir unser Selbst zum Ausdruck zu bringen lernten, und bezeichnet ein Milieu, das unser Handeln und unsere Selbsteinschätzung prägt. Die Himmelsmitte repräsentiert geistige Aufgeschlossenheit, Ich-Bewußtsein und das Vermögen, Lebenszweck und karmische Bestimmung zu erkennen. Sie kennzeichnet eine Inkarnation, die unser höheres Streben verkörpert.

Führen wir uns ein Beispiel vor Augen. Wenn in unserem Horoskop der Mond im Zeichen des Stiers steht, das der Epoche zwischen 26000 bis 14000 v. Chr. zugeordnet ist, hatten wir damals eine Inkarnation mit primär weiblichen Zügen.

Im Stier-Zeitalter war die kultische Verehrung von Erdmüttern kulturell treibende Kraft. Davon zeugen die Funde der sogenannten Venusstatuetten von Willendorf sowie die Höhlenmalereien von Lascaux. Im Zeichen des Stiers kommt der Mond zur vollen Wirkung; unter diesem Einfluß herrschen urtypisch weibliche Gefühle und Einstellungen in uns vor. Männliche Attribute fallen dagegen ab; wertgeschätzt werden statt dessen Eigentum, Besitz, sinnliche Kontakte und die greifbare Realität der Dinge.

Die Bedeutung des im Stierzeichen stehenden Mondes zu erfassen fällt einem Mann naturgemäß schwerer als einer Frau, da dazu feminines Empfinden nötig ist. Während eine Frau die zu dieser Zeit verstärkt zum Tragen kommenden Qualitäten mehr oder weniger problemlos in ihr Leben einzubringen versteht, fühlt sich ein Mann von einer Frau, die diese Qualitäten zeigt, besonders stark angezogen. Der Mond symbolisiert unsere eigene Mutter als Prototyp für das Weibliche in uns.

Weil der Stier auf das Zeitalter der Mythologie verweist, läßt sich unsere erste Inkarnation symbolisch zurückführen auf eine Mondgöttin wie Gaia, Ishtar, Hathor, Kali, Chtonia, Io, Nemesis oder auf die Moiren. Es empfiehlt sich, die Mythen der Mondgöttinnen zu studieren, um zu einem besseren Verständnis von den Wirkkräften zu gelangen, die uns aufgrund dieser Mond-Stier-Konstellation beeinflussen.

Den genauen Zeitpunkt einer Inkarnation innerhalb der mythologischen Epoche zu bestimmen ist weder möglich noch von Bedeutung. Ein Bewußtsein von der Zeit gab es damals noch nicht; es zählte nur der Augenblick wie bei zeitvergessenen Kindern. In ihrem weiteren Verlauf hat sich die Geschichte zunehmend beschleunigt und verdichtet in Folge des menschlichen Bemühens um Objektivierung, motiviert durch das Bedürfnis, Streß und existentielle Angst abzuwehren. Heute spüren wir vermehrt, wie wichtig es ist, das Kindliche oder das archaische Wesen in uns wiederzuentdecken. Voraussetzung dafür ist, daß wir die Geschichte in unsere Gegenwart holen und unsere inneren, historischen Quellen nutzen, um zur Ganzheit zu gelangen.

13
Die Entdeckung vergangener Leben

Das im vorigen Kapitel dargestellte Reinkarnationsmodell kann zur Prüfung von entsprechenden Informationen herangezogen werden, die durch Erinnerung, Regression, Träume, Phantasien, Geschichtsstudien oder durch Psychotherapie gewonnen wurden. Andere Prüfungsmöglichkeiten als die astrologische gibt es kaum, allenfalls noch die genealogische Forschung.

Erinnerungen an Inkarnationen vorgeschichtlicher Zeit sind nur schwer zu überprüfen, da bis auf vereinzelte Hinweise auf Könige und Königinnen oder Helden und Heldinnen mythischen Formats nur wenig vergleichendes Material zu finden ist. Weniger weit zurückliegende Inkarnationen sind eher zu entdecken und zu identifizieren. Als Ausgangspunkt für eine Suche sollten wir unsere assoziativen Empfindungen beim Studium bestimmter Geschichtsepochen zur

Kenntnis nehmen. Zeiten, die uns in besonderem Maße ansprechen und unsere Imagination stimulieren, wären als erste in Betracht zu ziehen.

Als Beispiel sei hier angeführt, daß ich mich zu einer Odyssee durch die Renaissancezeit aufgemacht habe. Mein persönlichkeitsprägender Aszendent steht im Zeichen des Schützen, das zum Zeitpunkt meiner Geburt im sechsten Gradabschnitt über dem Horizont aufgegangen ist. Die Schützen-Zeit reichte von 1500 bis 1720 n. Chr., umfaßt also jene Epoche, die als Renaissance oder humanistisches Zeitalter bezeichnet wird und große Neuerungen in Philosophie, Kunst, Architektur und Literatur mit sich brachte. Seefahrende Entdecker erschlossen die Erde; religiöse Traditionen gerieten ins Wanken, individualistische Vorstellungen setzten sich durch.

Schon als Kind wollte ich Architekt werden, obwohl ich kein Vorbild dafür hatte. Dieser Wunsch bestimmte meinen schulischen Werdegang; ich studierte Architektur und erwarb ein Diplom in diesem Fach. Als ich Norditalien bereiste, waren mir Städte wie Florenz oder Venedig auf Anhieb so vertraut, als hätte ich dort gelebt. Ich fand mich sogleich darin zurecht, glaubte, einzelne Gebäude wiederzuerkennen. Es drängte sich mir das merkwürdige Gefühl auf, daß ich die eigene Vergangenheit bereiste. Um Freunde zu besuchen, fuhr ich nach Rom. Sie wohnten am Campo dei Fiori. Aus unerfindlichen Gründen wurde mir angst und bange beim Anblick dieses wunderschönen Platzes. Ich wähnte mich verfolgt und in tödlicher Gefahr, schaute mich aufmerksam um, fand aber nirgends einen Hinweis, der meinen Gemütszustand erklärt hätte. Es fiel mir lediglich jenes große Standbild inmitten des Platzes auf, doch ich versäumte es, die Inschrift zu lesen.

Jahre später entdeckte ich mein Interesse an der Astrologie. Mit großer Begeisterung las ich die Schriften von Astrologen, Mystikern und Wissenschaftlern des 16. Jahrhunderts, von Männern wie John Dee, Robert Fludd, Nostradamus und Giordano Bruno. Ich fühlte mich von deren Gedanken und humanistischen Hoffnungen unmittelbar angesprochen. Besonders angetan war ich von Bruno, der die verketzerten Theorien Kopernikus' verteidigte und wie dieser den Mut hatte, das geozentrische Weltbild in Zweifel zu ziehen. Bei der Lektüre seiner Schriften war mir, als hätte ich sie selbst verfaßt. Schließlich erfuhr ich, daß Bruno im Jahre 1600 auf dem Campo dei Fiori den Feuertod hatte erleiden müssen. Das Denkmal, das ich dort gesehen hatte, war Jahrhunderte später ihm zu Ehren errichtet worden.

Als ich meine Reinkarnationstheorie entwickelte, stellte ich zu meiner Bestürzung fest, daß die genaue Position meines Aszendenten auf das Jahr 1554 verweist, also auf Brunos Lebzeit. Ebenso stammen viele Architekten und Mystiker, zu denen ich mich hingezogen fühle, aus dieser Zeit. Meine Vermutung, dieser Epoche in einer früheren Inkarnation angehört zu haben, erhärtete sich. Sie erklärt meine weltanschaulichen Überzeugungen, meine Vorlieben in Sachen Kunst und Architektur, mein Bedürfnis nach religiöser Freiheit, all das, was mein Wesen kennzeichnet. Weitere Forschungen über diesen Zeitabschnitt vermittelten mir eine Fülle von Hinweisen auf meine charakterliche Disposition.

Allein die mit der Zeittabelle entwickelte Datierungsmöglichkeit kann eine solche Reinkarnationserfahrung zuverlässig bestätigen. Es muß zwar nicht der Fall sein, daß ich in einem voraufgegangenen Leben Giordano Bruno gewesen bin, aber es spricht alles dafür, daß ich zu seiner Zeit gelebt habe und von ihm beeinflußt wurde. Eine frühere Inkarnation mit einer bestimmten Person zu identifizieren liegt jenseits der Möglichkeiten, die diese Theorie bereithält. Es mag aber gelingen, über solche historische Gestalten, denen wir uns innerlich verbunden fühlen, auf eine Inkarnation als deren Zeitgenosse zu schließen.

Häufigkeit von Inkarnationen im Geschichtsverlauf

Ein Planet in den Sternzeichen Widder, Stier, Zwillinge und Krebs verweist auf symbolische Gottheiten, die keiner bestimmten Zeit zuzuordnen sind. Ein Planet in den Zeichen Löwe, Jungfrau, Waage und Skorpion verweist mit jedem Gradabschnitt auf eine Lebenszeit. Ein Planet in den Zeichen Schütze, Steinbock, Wassermann und Fische nimmt eher auf einzelne Ereignisse Bezug denn auf ein gesamtes Leben. In stetiger Aufeinanderfolge könnten während des mythologischen Zeitalters rund 2000 Inkarnationen einer Seele gelebt haben, 200 in der Epoche der Zivilisation und etwa 10 im Zeitalter der Individualität. Von einer solchen Stetigkeit ist allerdings nicht auszugehen. Es läßt sich vielmehr annehmen, daß Inkarnationen im Verlauf der Geschichte an Häufigkeit zunehmen. In der Frühgeschichte werden womöglich zwischen zwei Inkarnationen Tausende von Jahren vergangen sein, während es in den letzten Jahrhunderten schon nach einem Jahrzehnt zur Wiedergeburt gekommen sein mag.

Für die letzte Hälfte des 20. Jahrhunderts ergibt sich eine ungewöhnliche Situation. Die Konstellation der zehn Planeten kündet eine Zeitenwende an, ein Jüngstes Gericht. Wir müssen davon ausgehen, alle Inkarnationen gelebt zu haben. Was einst als Potential vorlag, hat sich verwirklicht. Idealität ist Realität geworden. Dieses Phänomen löst nostalgische

Empfindungen aus und äußert sich in dem Bedürfnis, zu überkommenen Ideen, Glaubensvorstellungen und Lebensweisen zurückzukehren, letztlich zurück in die vermeintlich paradiesischen Anfänge der Menschheitsgeschichte. Mircea Eliade spricht in diesem Zusammenhang vom »Mythos der ewigen Wiederkehr«.

Die meisten Menschen erfahren Aspekte der Reinkarnation aller zehn Planeten gleichzeitig, wenn ihre voraufgegangenen Inkarnationen zum Ende des Weltzeitalters zurückkehren. Dies mag die außerordentliche Komplexität des modernen Lebens zu erklären helfen und unterstreicht die Bedeutung des modernen psychotherapeutischen Begriffs der Subpersonalitäten. Während früher eine Ehe in der Regel bis ans Lebensende Bestand hatte, tendieren wir heute zu wechselnden Partnerschaften. Dadurch werden Erinnerungen wach an unsere früheste Geschichte, da wir ein nomadisches Leben ohne klar abgegrenzte monogame Bindungen führten.

Nach astrologischem Modell, das die Stellung der zehn Planeten sowie der Punkte des Aszendenten (Persönlichkeit) und der Himmelsmitte (Ego) berücksichtigt, errechnen sich zwölf verschiedene Inkarnationstypen. Die Planetenkonstellationen kennzeichnen überdies geschichtliche Epochen; insofern läßt sich sagen, daß diese Epochen in uns ihren Niederschlag finden und sich ebenso miteinander austauschen wie die Teile unserer Persönlichkeit.

Unter Aspekten versteht man in der Astrologie die von der Erde aus gesehenen Winkelverhältnisse der Planeten zueinander (z. B. 90 oder 120 Grad); sie sind maßgeblich für die Ausbildung von Persönlichkeitsmustern und beschreiben die Wechselbeziehungen der Planeten im Horoskop. Manche dieser Aspekte sind günstig, andere werfen Spannungen und

Widersprüche auf. Wenn wir zum Beispiel ein Quadrat (90 Grad = ungünstig) zwischen der Sonne (unserem Vater bzw. maskulinen Vorbild) und dem Mond (unserer Mutter bzw. femininen Vorbild) haben, werden Konflikte zwischen unseren männlichen und weiblichen Teilidentitäten auftreten. Astrologische Aspekte geben auch Auskunft über das Verhältnis unserer 12 Inkarnationstypen zueinander.

Datierungen anhand der Reinkarnationszeittabelle sollen nur dazu dienen, einen Anhaltspunkt zu finden für die Erforschung vergangener Leben. Wie weiter zu verfahren ist, möge jeder selbst entscheiden. Es empfehlen sich verschiedene Möglichkeiten, so zum Beispiel hypnotische Rückführung, Lektüre oder Meditation.

Nur wenigen ist die Fähigkeit gegeben, gewesene Inkarnationen zu identifizieren. Der einen oder anderen können wir uns aber durch Recherchen nähern. Ob die zur Hilfestellung angebotene Zeittabelle stimmig ist, ließe sich an Einzelfällen überprüfen.

Viele der uns kennzeichnenden Qualitäten reflektieren bestimmte historische Zeitabschnitte – abzulesen an der Art unserer Kleidung, an der bevorzugten Lektüre, an unseren Reisezielen und an dem, woran wir glauben. Die Reinkarnationstheorie rät, die Wurzeln solcher Einstellungen und Neigungen in geschichtlichen Zeiten auszumachen, was in jedem Fall für die Selbsterkenntnis äußerst förderlich ist.

Solche Qualitäten, die mit unserer karmischen Vergangenheit in Beziehung stehen, können sich auf unterschiedlichste Art manifestieren. Manche mögen auf den ersten Blick banal erscheinen, sind aber letztlich tief und bedeutungsvoll. Was in vergangenen Lebensläufen prägend war, wirkt sich weiterhin aus und weckt unser Interesse an entsprechenden Zeitabschnitten in der Geschichte; wir träumen davon, ein ägyptischer Pharao oder ein seefahrender Wikinger zu sein, weil wir Erinnerungen an frühere Inkarnationen in uns tragen. Unsere Vorlieben für Vergangenes gründen in der eigenen Vergangenheit.

Am unmittelbarsten und konkretesten kommen voraufgegangene Inkarnationen in unserer Persönlichkeit zum Ausdruck. Zwar ist vieles von dem, was uns ausmacht, genetisch bedingt oder gesellschaftlichen Einflüssen zuzuschreiben; doch manche Aspekte haben tiefere Ursachen. In Kinderspielen oder Phantasien tauchen vergangene Leben ins Bewußtsein auf. Zumeist aber lassen wir solche Signale unbeachtet, oder wir schätzen sie gering als bloße Launen. Dennoch, unsere aus der Vergangenheit aufsteigenden Sub-Personalitäten sind vitaler und einflußreicher als gedacht. In tiefere Schichten unseres Selbst und in unsere Vergangenheit vorzustoßen ist in unserem besten Interesse, denn was wir dort entdecken, verleiht Sicherheit bei gefühlsorientiertem Handeln.

Wenn wir älter und uns zunehmend unserer Einzigartigkeit bewußt werden, suchen wir nach anderen, die für unsere Individualität Verständnis haben und mit unseren Gefühlen sympathisieren. Solche uns wesensverwandten Personen sind womöglich zu anderen Zeiten Freunde von uns gewesen, Liebhaber, Eltern oder Kinder. Empfindungen dieser Art, obgleich zumeist ignoriert, sind Ausdruck unserer wahren Natur und sollten respektiert werden.

Die Inkarnationen Napoleons

Oft ist davon zu hören, daß sich berühmte Leute für Inkarnationen berühmter Vorgänger halten. Napoleon zum Beispiel glaubte, Karl der Große gewesen zu sein, und leitete daraus das Recht ab, sich zum Kaiser des zweiten Heiligen Römischen Reiches zu erklären.

Es muß an dieser Stelle vermerkt werden, daß bei einer Bestimmung von Reinkarnationszeiträumen stets mit Eingrenzungsfehlern zu rechnen ist. Eine Abweichung von drei Grad in der Ortung eines Datums macht eine Variationsbreite von einem Prozent aus. Die aus den Planetenkonstellationen ermittelten Daten können nur Annäherungswerte sein, da eine Lebenszeit etliche Gradmaße umfaßt, und es ist unmöglich zu wissen, wann der datierte Einfluß im Verlauf eines inkarnierten Lebens greift.

Napoleon hielt sich für eine Inkarnation Alexanders des Großen (356–323 v. Chr.) und Karls des Großen (742–812 n. Chr.). Alexander lebte zu einer Zeit, die astrologisch im Zeichen Jungfrau zwischen dem 9. und 10. Gradabschnitt zu verorten ist; die von Napoleon liegt zwischen dem 12. und 15. Grad im Zeichen Waage. In Napoleons Horoskop konjungierten Neptun und Mars in der Jungfrau; der Planet Neptun steht bei acht Grad Jungfrau, was auf das Jahr 377 v. Chr. verweist. Der Neptun in der Jungfrau spricht für mediale Fähigkeiten, spirituelles Streben, Träume, Phantasien und die Gabe der Vorausschau. Der Mars steht bei zwölf Grad Jungfrau, was auf das Jahr 233 v. Chr. verweist. Der Mars ist die Inkarnation des Kriegers und Soldaten.[1]

Der Aszendent (Persönlichkeit) in Napoleons Horoskop steht bei 16 Grad in der Waage und verweist somit auf das Jahr 837 n. Chr. Wie Karl der Große versuchte Napoleon, ein Heiliges Römisches Reich zu gründen. Seine Persönlichkeit zeichnet sich durch Qualitäten aus, die auf seine Inkarnation als Kaiser Karl zurückzuführen sind. Es spricht vieles dafür,

[1] Kampherbeek, *Cirkels*. Napoleon, 15. August 1769, 09.50^{h}, Ajaccio, Korsika.

daß Napoleon Grund hatte, sich für eine Inkarnation von Alexander und Karl zu halten.

Umgekehrt läßt sich auch im Horoskop Alexanders eine Beziehung zu Napoleon aufdecken.[2] Darin steht der Uranus bei zehn Grad im Steinbock – so wie im Geburtsjahr Napoleons! Wahrscheinlich ist Napoleon aufgrund dieser Übereinstimmung zu der Erkenntnis gekommen, in einem früheren Leben Alexander gewesen zu sein. Wir können sogar annehmen, daß Alexander geahnt hat, als Napoleon wiedergeboren zu werden. Beispiele solcher Reinkarnationsbeziehungen sind keine Seltenheit; sie verknüpfen sich zu einem geistigen oder psychischen Gewebe, das den historischen Ereignissen zugrunde liegt.

Vergangene Lebzeiten lassen uns viele Botschaften zukommen, die wir unbewußt einbeziehen in all unsere Entscheidungen, so zum Beispiel in der Wahl unseres Wohnortes oder Arbeitsplatzes. Hobbies, heimliche Wünsche, musikalische oder literarische Vorlieben, Geschmacksachen – in all diesen Neigungen stecken Bezüge zu unseren voraufgegangenen Leben. Oft sind Erfahrungen aus einem früheren Dasein maßgeblich für das, was wir in diesem Leben bevorzugen.

Kreativität und Reinkarnation

Kreative und neugierige Menschen sind ständig daran interessiert, mehr über die eigene Person in Erfahrung zu bringen und zu erforschen, was sie im Innersten bewegt. Die Reinkarnationstheorie bietet eine geeignete Methode zur

[2] Rodden, *American Book of Charts*. Alexander der Große, 17. Juli 356 v. Chr., o. A., Pella, Makedonien.

Erschließung unserer kreativen Fähigkeiten. Sie verweist auf tiefere Schichten unseres Seins, auf zurückliegende Zeitepochen und aktiviert damit höhere Ebenen der Inspiration.

Der Zusammenhang von Kreativität und Reinkarnation läßt sich nachweisen in den Horoskopen von Schriftstellern, Musikern, Geschichtswissenschaftlern oder anderen schöpferisch tätigen Menschen. Es ist faszinierend zu beobachten, wie deutlich bestimmte historische Interessen in den Werken kreativer Personen zum Ausdruck kommen. Der britische Autor, Historiker und Dichter Robert Graves (1895–1984) schrieb einen Roman über den römischen Kaiser Tiberius Claudius (10 v. Chr.–54 n. Chr.), der Vorlage war für die Fernsehproduktion *Ich, Claudius.* Die Handlung wird erzählt aus der Perspektive der Titelfigur. In Graves' Horoskop steht die Venus bei 16 Grad im Zeichen der Jungfrau; diese Position korreliert nach unserer Zeittabelle mit dem Jahr 60 v. Chr.[3]

In den Horoskopen vieler Musiker stehen die Planeten in den Tierkreiszeichen, die das mythologische Zeitalter kennzeichnen (Widder, Stier, Zwillinge und Krebs), was darauf schließen läßt, daß ihre Inspiration aus archetypischen Quellen schöpft. Richard Wagner (1813–1883) war vorrangig interessiert an mythologischen Themen. In seinem Horoskop stehen Merkur (Verstand und Intellekt) und Venus (Ästhetik und Musik) im mythologischen Zeichen des Stiers.[4] Thematisch und musikalisch klingen in vielen seiner Opern – vor allem dem *Ring der Nibelungen* – ursprüngliche Zeiten an; seine Frauengestalten wirken wie Verkörperungen mythischer Erdmütter. Der *Parsival* ist eins der Werke, die ihm be-

[3] ebd. Robert Graves, 24. Juli 1895, 17.00^{h}, Wimbledon, England.

[4] ebd. Richard Wagner, 22. Mai 1813, 04.00^{h}, Leipzig, Deutschland.

sonders nahestanden; es erzählt die Geschichte von der Suche nach dem heiligen Gral, basierend auf der mittelalterlichen Legende *Morte d'Arthur* aus dem Jahre 1470. In Wagners Horoskop steht der Uranus (Individualität und Inspiration) bei 25 Grad im Skorpion (1460). Seine Fähigkeit, das Besondere am Gralsmythos zum Ausdruck zu bringen, geht sicherlich zurück auf eine frühere Inkarnation als Häretiker und Wahrheitssucher.

Giuseppe Verdi (1813–1901) vermochte die großen Gefühle und Leidenschaften altägyptischer Zeit in seiner Oper *Aida* einzufangen. In seinem Horoskop steht Jupiter bei zwei Grad im Zeichen der Jungfrau, eine Konstellation, die das Jahr 705 v. Chr. kennzeichnet, also die Zeit, in der die Opernhandlung stattfindet.[5]

Seelenverbindungen und karmische Bindungen

In seinem Buch *Die Reinkarnation des Menschen* weist Guenther Wachsmuth, auf Steiner Bezug nehmend, darauf hin,

> ... daß unsere Begegnungen mit anderen Menschen tatsächlich einer bestimmten Führung, gewissen Gesetzmäßigkeiten unserer inneren Dynamik entsprechen, die auf vergangene Daseinsrhythmen zurückzuführen sind.[6]

Wir alle sehnen uns nach profunden Beziehungen und hoffen darauf, eine »verschwisterte Seele« zu treffen, eine Person, die uns in ihrem Wesen so vertraut ist, daß wir meinen, sie schon immer gekannt zu haben. Manche von uns sind unglücklich, solange sie einen solchen Seelenpartner nicht gefunden haben.

[5] ebd. Giuseppe Verdi, 10. Oktober 1813, 20.00^{h}, Roncole, Italien.
[6] Wachsmuth, *Reinkarnation*, S. 189.

Es ist wichtig zu wissen, welche Qualitäten wir mit unseren Nächsten teilen. Treffen wir auf einen Menschen, zu dem wir uns sogleich stark hingezogen fühlen, so bringen wir beidermaßen karmische Bestimmungen aus früheren Lebzeiten mit in unsere Beziehung. Um dieses Karma zu verstehen, empfiehlt es sich, das Horoskop des Partners mit unserem zu vergleichen.

Die wichtigsten karmischen Beziehungen sind horoskopisch an konjungierenden Planeten abzulesen (die auf demselben oder benachbarten Gradabschnitt eines Zeichens stehen). Konjunktionen entsprechen Inkarnationen in ein und demselben historischen Zeitraum. Die maßgeblichen Planeten weisen auf die jeweilige persönliche Disposition dieser Inkarnationen hin. Stehen in diesem Sinne zum Beispiel die Venus (junge Frau) eines Mannes und der Saturn (weiser alter Mann) einer Frau in Konjunktion zueinander, so werden beide wahrscheinlich in einem früheren Leben eine Beziehung unter geschlechtlich umgekehrten Vorzeichen gehabt haben. Vermutlich wird sie in der aktuellen Beziehung anfänglich die Neigung verspüren, ihn zu beschützen. Konjungieren dagegen Mars und Saturn, ist davon auszugehen, daß beide in einem früheren Leben als Männer in Beziehung zueinander gestanden haben, womöglich als Kriegskameraden.

Der Gradabstand zwischen konjungierenden Planeten gibt Auskunft über den Altersunterschied der Personen in früherer Inkarnation. Die geringere Gradzahl spricht für ein höheres Alter. Steht der für die Person X maßgebliche Planet bei acht Grad, der für Y bei elf Grad im selben Tierkreiszeichen, ist zu vermuten, daß X im voraufgegangenen Leben älter gewesen ist.

Rudolf Steiner und karmische Beziehung

In seinem Werk *Esoterische Betrachtung karmischer Zusammenhänge* beschreibt Rudolf Steiner das karmische Wirken in der Reinkarnation. Grundlegender Gedanke ist die Überzeugung, daß es Ketten karmischer Bindungen gibt, die auf Dauer Bestand haben. Manche konvergieren, andere divergieren voneinander, gemäß einer rhythmischen Bewegung, die einzelne Menschen zusammenfinden läßt oder voneinander abstößt. Anhand der Reinkarnationszeittabelle können wir einige der von Steiner genannten Beispiele für solche Beziehungen überprüfen.

Steiners historische Perspektive ist esoterisch geprägt. Er betrachtete die Geschichte als eine geistige Strömung, bewegt von einzelnen Seelen, die periodisch wiederkehren und den Prozeß der spirituellen Evolution vorantreiben. Steiner machte Zeitabschnitte aus, in denen nach langer Stagnation diese Bewegung erneut in Schwung gebracht wurde durch eine Reihe großer Persönlichkeiten, die ihre Inspiration schöpften aus den Zeiten voraufgegangener Inkarnationen. Er zählte Gruppen solcher Personen auf, die im Verlauf der Geschichte immer wieder gleichzeitig inkarnierten.

Eine solche harmonische Beziehung ist festzustellen zwischen den Naturwissenschaftlern aus der Mitte des 19. Jahrhunderts und den arabischen Philosophen des 7. und 8. Jahrhunderts n. Chr. Die Mitte des 19. Jahrhunderts steht unter dem Zeichen des Wassermanns zwischen 0 und 20 Grad; das 7. und 8. Jahrhundert unter dem Zeichen Waage zwischen 10 und 20 Grad. Beide sind Luftzeichen und stehen als Trigon (120°) miteinander in Beziehung. Dieser Aspekt spricht für Verständnis, Harmonie und Verbundenheit. Das Trigon deutet auf eine Strömung von einer Zeit zur anderen hin.

(Dieses Prinzip bewahrheitet sich auch für das Verhältnis von gleichartigen Zeichen, also solchen, die entweder den Elementen Wasser oder Feuer zugeordnet sind.)

Steiner identifizierte einen einflußreichen Araber namens Gebel al Tarik (nach ihm wurde Gibraltar benannt), der zu Beginn des 8. Jahrhunderts aus mehreren Schlachten in Spanien siegreich hervorgegangen war, als einen Vorläufer von Charles Darwin. Tarik förderte die Künste und Wissenschaften und trug durch sein Wirken wesentlich zum Aufschwung und zur kulturellen Blüte der islamischen Welt bei. Nach Steiners Überzeugung inkarnierte Tarik als Charles Darwin und brachte so die arabische Philosophie und Naturkunde in die moderne Welt. In den Schriften Darwins fand Steiner den Pioniergeist und kämpferischen Mut seines Vorgängers wieder.

Historische Gestalten wie Tarik und Darwin ergänzen einander. Es gibt allerdings auch karmische Beziehungen, die in Widerspruch zueinander stehen, aber dennoch oder gerade deshalb den Fortschritt des Bewußtseins vorantreiben. Beispiel dafür ist der Kalif al Mamun (790–823 n. Chr. oder 14–16° Waage), der als Nachfolger des Propheten Mohammed an seinem Hof zu Bagdad die astrologische Astronomie kultivierte. Seine Seele inkarnierte in der Person des neuzeitlichen Astronomen Laplace (1749–1824 oder 6–25° Steinbock). Zwar wurden dessen astronomische Theorien verworfen, doch kommt ihm das Verdienst zu, den wissenschaftlichen Geist der arabischen Welt auf die Neuzeit übertragen zu haben. Der Höhepunkt seines Schaffens fällt in eine Zeit, da sich horoskopisch ein quadratischer (90°) Aspekt in Beziehung zur Lebenszeit Mamuns beobachten läßt. Das Quadrat spricht für ein durch Spannungen forciertes Wachstum.

Steiner identifizierte des weiteren Francis Bacon, das

Genie des 17. Jahrhunderts, als Reinkarnation des arabischen Philosophen Haroun al Raschid, der im 8. Jahrhundert lebte. Deren Lebzeiten sind um zwei Tierkreiszeichen voneinander entfernt, was ein Sextil-Verhältnis (60°) ausmacht, einen Aspekt, der für intellektuelle Harmonie und Integration spricht.

Der Bedeutung karmischer Beziehungen in neuerer Zeit ist Trevor Ravenscroft in seinem Buch *Die heilige Lanze* auf der Spur. Während des Zweiten Weltkriegs machte Ravenscroft als Kriegsgefangener Bekanntschaft mit dem Lehrer Rudolf Steiners, Dr. Johannes Stein, der im selben Lager interniert war. Stein berichtete ihm, daß Hitler und seine Generäle glaubten, Reinkarnationen historischer Tyrannen aus der Zeit Jesu zu sein, und daß sie nach dem Speer des Zenturio Longinus suchten, den dieser dem Gekreuzigten in die Seite gestoßen habe, um mit Hilfe dieser Waffe die Welt zu erobern. Glücklicherweise wurde dieser Plan von den Schicksalskräften durchkreuzt. Ravencrofts Roman inspirierte Steven Spielberg zu dem Kinofilm *Jäger des verlorenen Schatzes*.

Solchen karmischen Verflechtungen in der Geschichte nachzuspüren ist ein faszinierendes Unternehmen. Das Horoskop gibt uns Aufschluß über unsere persönlichen Eigenschaften; in der Geschichte erkennen wir Strömungen, die symbolischer Ausdruck sind für unser persönliches Drama und unsere ureigene Mythologie. Je mehr wir erfahren über vergangene Lebzeiten und diese mit unserer Gegenwart in Verbindung zu bringen verstehen, desto erleuchteter wird aller Wahrscheinlichkeit nach unsere nächste Inkarnation sein. Wichtig ist, von den vielen formbildenden Kräften unseres Lebens so viele wie möglich steuern zu lernen zum Zwecke der eigenen Ich-Entwicklung und zum Nutzen der Menschheit.

14
Reinkarnation als Metapher

Reinkarnation ist ein nützliches Werkzeug zur Steigerung unserer Intuition. Haben wir erkannt, daß sich unsere vergangenen Leben erschließen lassen, müssen wir im weiteren Verlauf unserer Forschungen der Intuition folgen. Die aus dem Studium der Reinkarnationsgedanken gewonnenen Informationen können uns als eine Art psychischer Landkarte als Orientierung auf unserer weiteren Reise dienen; allerdings bleibt uns überlassen, welchen Weg wir einschlagen.

Auch als Metapher verstanden, kann uns die Reinkarnationsvorstellung bereichern und dazu herausfordern, die alten Horizonte dessen, was wir als das Selbst erachten, auszudehnen. Eine Bewußtseinserweiterung auf andere Zeiten und auf die Einsicht in unser Reinkarnationserbe kann sich tiefgreifend auf unser Leben auswirken. Meiden wir hingegen den Kontakt mit den tieferen Schichten unserer Psyche, riskieren wir, daß das Leben in seiner Fülle nicht wahrgenommen wird.

Die amerikanischen Transzendentalisten

Um ein Zeugnis davon abzulegen, wie sehr Inkarnation oder der gemeinsame Glaube an Inkarnation vereint, schlossen sich 1836 mehrere Unitarier an der Harvard Universität zur Gruppe amerikanischer Transzendentalisten zusammen. Dazu gehörten anfänglich die Autoren und Poeten Ralph Waldo Emerson, F. H. Hedge und George Ripley; hinzu traten bald Henry David Thoreau, John Greenleaf Whittier, Bronson Alcott und Walt Whitman.[1] Unter anderem machten es sich diese Männer zur Aufgabe, die zu ihrer Zeit vorherrschende materialistische Philosophie zu reformieren und jenen Gedanken zur Reinkarnation nachzugehen, die von den Hindus, Griechen, Ägyptern, Persern und nicht zuletzt auch von Goethe formuliert worden waren.

Wie auf englischer Seite die Poeten Carlyle, Coleridge und Wordsworth, die als inspirierende Vorbilder ihrer Bewegung gewürdigt wurden, beschäftigten sich die Transzendentalisten mit den indischen Klassikern *Bhagavad Gita*, den *Upanishaden*, *Veden* und *Puranas*. Die angestrebte Integration von östlicher und westlicher Philosophie übte großen Einfluß auf die Werke aller an der Bewegung beteiligten Personen aus. Emerson schrieb 1843 in sein Tagebuch:

> Das Leben selbst ist ein Interim und Übergang; dies, o Indur, ist meine einundzwanzigtausendste Gestalt, und schon fühle ich darin tief unten altes Leben keimen.[2]

Es wäre nicht abwegig anzunehmen, daß die amerikanischen Transzendentalisten und ihre englischen Gesinnungsver-

[1] Head/Cranston, *Reincarnation: The Phoenix Fire Mystery*, S. 309–21.
[2] ebd., S. 311.

wandten im Sinne Arthur Guirdhams oder Edgar Cayces eine inkarnierte Seelengruppe bilden. Den Horoskopen von Thoreau, Carlyle, Wordsworth, Alcott und Whittier sind Planetenaspekte im frühen Schützen gemein, was auf ein gemeinsames Reinkarnationserbe hinweist. Emerson, Carlyle und Thoreau teilen einander Inkarnationen in der frühen Zwillinge-Zeit, also in jener Epoche, da die Sprache entwickelt wurde. Daß sie sich gleichermaßen östlichem Gedankengut hingewendet haben, kann als Ausdruck ihrer inneren Verbundenheit angesehen werden.

Wenn wir eine Affinität zu anderen Menschen verspüren, sollten wir uns dafür interessieren, wie sie leben, welche Art von Kunst sie wertschätzen oder ob deren Horoskope mit dem unseren in Beziehung zu setzen sind, um eine eventuelle Seelenverwandtschaft aufdecken zu können. Wir sollten auch in Erfahrung zu bringen versuchen, welchen historischen Zeiten wir uns beiderseits hingezogen fühlen, denn eine Übereinstimmung in dieser Hinsicht gibt oft Aufschluß über eine gemeinsame Inkarnationsgeschichte.

Spirituelle Wurzeln

Unsere intellektuelle Ausrichtung und künstlerischen Fähigkeiten stammen aller Wahrscheinlichkeit nach aus früheren Leben, so auch der noch wesentlichere Zug unserer spirituellen Orientierung. Während der vergangenen Jahre hat die Menschheit einen Bewußtseinswandel vollzogen, der historisch einmalig ist. Unter dem Eindruck der Bedrohung durch Atomkrieg und globale Öko-Katastrophen kam es gleichsam zu einer spirituellen Explosion. Allenthalben kehrten Menschen zu ihren Wurzeln zurück und beschäftigten sich erneut und verstärkt mit fundamental-religiösen Fragen.

Viele bekennen sich wieder zu alten, scheinbar überkommenen Glaubensvorstellungen und richten ihr Leben danach aus. Einflüsse orientalischer Religionen machen sich im Westen bemerkbar; umgekehrt findet das Christentum in asiatischen Ländern Anerkennung. Es scheint, als kämen alle von Menschen geschaffenen Glaubenssysteme wieder neu zur Geltung. Seltener geworden ist der traditionelle Weg der Überlieferung, nämlich die religiöse Unterweisung von Kindern durch die Eltern. Die Öffnung der Welt begann in den 50er Jahren, als mit den Flugzeugen höchst effiziente Transportmittel zur Verfügung standen. In den 60er und 70er Jahren unternahmen viele, vornehmlich jüngere Menschen »spirituelle Reisen« in den Osten, und Jungs Begriff vom kollektiven Unbewußten wurde zum Schlagwort.

Neben Reisen um die Welt versprachen auch drogeninduzierte Abstecher in die Psyche Aussicht auf spirituelle Entdeckung. Viele jungen Westler fanden zum Glauben an östliche Religionen wie den Buddhismus, Taoismus, Sufismus oder Hinduismus. In Rußland, Korea, Japan und China kam es zu dem Massenphänomen »wiedererweckter« Christen. Afroamerikaner besannen sich auf afrikanische Stammesreligionen zurück, nahmen den Glauben an Ras Tafari an oder konvertierten zum Islam.

Der große religiöse Aufschwung hält unvermindert an und ist mittlerweise ein zentrales Thema der Weltpolitik. Der Reinkarnationstheorie zufolge können wir über unsere religiösen Anschauungen Hinweise auf vergangene Leben ermitteln und zu unseren spirituellen Wurzeln zurückfinden.

Ein tibetisch-buddhistischer Lama aus dem Westen

Im 13. Jahrhundert entwickelten tibetische Buddhisten spirituelle Techniken zur Identifizierung der neu inkarnierten Nachfolge ihres geistigen und weltlichen Oberhauptes. Stirbt der amtierende Lama, tritt die oberste Priesterschaft (oft noch am Totenbett) zusammen, um Zeit und Ort der Geburt des Nachfolgers zu ermitteln, und zwar anhand von Zeichen und Hinweisen, die sich durch Träume, Meditation oder Weissagung offenbaren. Es kann Tage, Monate oder gar Jahre dauern, bis es zu der erwarteten Reinkarnation kommt. Ihr können durchaus einfache Nomaden oder Hirten Eltern sein. Die Tibeter glauben, daß sich exakt vorherbestimmen läßt, wo und wann der Lama wiedergeboren wird, um seine spirituelle Mission auf Erden, die Erläuterung des *Dharma*s fortsetzen zu können.

Der neu inkarnierte Lama wird zumeist schon im Kindesalter ausfindig gemacht. Er muß sich strengen Prüfungen unterziehen und unter anderem aus einer Reihe ähnlicher Gebrauchsgegenstände solche zu erkennen fähig sein, die im Besitz des Vorgängers gewesen sind. Die Techniken zur Identifizierung der Wiedergeburt eines Lamas werden seit Jahrhunderten geheimgehalten. In unserer Gegenwart bestreitet die chinesische Regierung dem Dalai Lama das Recht, einen sechsjährigen tibetischen Nomadenjungen als die Inkarnation seines früheren Gefährten und spirituellen Lehrers, des Pantschen Lamas, zu ernennen. Paradoxerweise gehört es seit alters her zu den Aufgaben des Pantschen Lamas, die Inkarnationen des Dalai Lamas zu identifizieren.

Ein Ereignis aus meiner persönlichen Erfahrung illustriert die Prinzipien der lamaistischen Inkarnation und ist zugleich ein mustergültiges Beispiel für Synchronizität. Ein mir befreundetes Ehepaar aus Massachusetts wanderte 1972 mit ihrem damals vierjährigen Sohn nach Nepal aus und ließ sich in Swyambhu, einem tibetisch-buddhistischen Tempelkomplex in der Nähe von Katmandu, nieder. Sie wohnten erst wenige Tage dort, als die Mutter mit dem Jungen unterwegs an ein Kloster gelangte. Er trat ein und weigerte sich, den Ort zu verlassen. Auf sein hartnäckiges Bitten hin beantragten die Eltern seine Aufnahme in der Klosterschule, wo er sehr schnell Sprache und Gewohnheiten der Tibeter annahm.

1978 wurde der Junge von tibetischen Mönchen aufgesucht, die ihn als einen hohen buddhistischen Lama identifizierten, den ersten westlicher Herkunft. Sie hatten Ort und Zeitpunkt seiner Geburt genau erkundet und waren nach Massachusetts gereist, um ihn dort aufzusuchen. Daß er bereits in einem ihrer Klöster lebte, zeugt in eindrücklicher Weise von schicksalhafter Fügung. Zur weiteren Erziehung und spirituellen Anleitung wurde er in ein größeres Kloster nach Sikkim geschickt. Heute bereist er die Welt, um buddhistische Lehren zu vermitteln.

Viele von uns richten ihr Augenmerk allzu eingrenzend auf nur eine besondere geschichtliche Inkarnation und lassen so weitere Teile des Ganzen unbeachtet. Wir entdecken eine östliche Religion, begeistern uns für chinesische Keramik, beschränken unser Interesse auf die untergegangene Kultur der Maya-Indianer oder auf die Architektur gothischer Kathedralen. Wir identifizieren uns mit religiösen oder kulturellen Wertvorstellungen, die als Erbschaft aus einem vergangenen Leben an uns weitergereicht wurden, wenden uns dieser Vergangenheit zu und suchen Kontakt zu anderen, die uns, weil ähnlich veranlagt, in dieser Ausrichtung unterstützen können.

Solche Interessen und Neigungen sind von großem identitätsstiftenden Wert für uns, auch wenn deren höhere Bedeutung häufig unerkannt bleibt. Menschen mit ähnlichen Überzeugungen bestärken uns in unserer Haltung. Viele bekennen sich als »Wiedererweckte« zu ursprünglichen Glaubensvorstellungen, die eine umfassende, nicht zuletzt in Kleidung, Tradition und Gebräuchen zum Ausdruck gebrachte Identifikation mit deren geschichtlicher Herkunft ermöglichen, so auch die Aufarbeitung der aus dieser Zeit stammenden karmischen Einflüsse.

Mehr als alles andere werden geistige Funktionen durch die Hinwendung der Seele zu einer bestimmten Religion befördert. Eine solche Ausrichtung zeitigt tiefgreifende Wirkungen und kann über den zukünftigen Reinkarnationsweg maßgeblich mitentscheiden. Statt uns einer uninspirierten, geistlosen Moderne anzupassen, besinnen wir uns auf unsere historischen und spirituellen Wurzeln und versuchen, was daraus erwachsen ist, in Übereinstimmung zu bringen mit den Aufgaben, die das gesellschaftliche Leben an uns stellt. Es ist wichtig, zu einer solchen geistigen Identität zu gelangen; gleichwohl gilt es, über die Beschäftigung mit Teilaspekten unserer selbst hinaus das große Ganze im Auge zu behalten. Die Seele muß auf die Ewigkeit hin ausgerichtet bleiben und darf sich nicht zu sehr mit dem Gegenwärtigen verbinden.

Zum Schluß

Vom flüchtigen Déjà-vu-Erlebnis bis hin zur hypnotischen Regression auf Präexistenzen – alles, was uns Einblick in die anderen Realitäten unseres Lebens gewährt und Aufschluß über unsere Entwicklung bietet, ist willkommen. Kontakte mit dem Göttlichen können uns auf unsere Ziele lenken, wir müssen nur lernen, solche Kontakte herzustellen. Voraussetzung ist, daß wir die einengenden Grenzen des Bewußtseins überwinden und die Möglichkeiten höherer Erkenntnis nutzen.

Der Zugriff auf die Datenbank des unbewußten Gedächtnisses bereichert unser weltliches Leben ungemein und läßt die transzendierende Macht der Visionen erahnen, die den Geschichtsverlauf definieren. Es wäre für unser Leben ein großer Gewinn, wenn es uns gelänge, unsere innere Geschichte nachzuvollziehen.

Hilfestellung bei dem Versuch, die Wege der Reinkarnation zu orten, können unter anderem folgende Bücher leisten: *Your Past Lives* (»Deine vergangenen Leben«) von Michael Talbot, *The Case for Reincarnation* (»Der Fall der Wiedergeburt«) von Joe Fisher oder *Magick* von Aleister Crowley. Bei allen Unternehmungen auf diesem Gebiet ist zu beachten, daß die daraus resultierenden Beobachtungen und Erfahrungen sorgfältig ausgewertet und vernünftig einbezogen werden in den Gesamtzusammenhang psychischer Befindlichkeit.

Therapeuten vom Fach verwenden eine Vielzahl verschiedener Methoden zur erinnernden Erschließung vergangener Inkarnationen, so zum Beispiel Hypnose, Meditation, Rebirthing, Reflexologie, Massage oder Psychotherapie – Techniken, die wenig aufwendig sind und doch häufig zu Erfolgen führen. Insbesondere vermag die Meditation Erinnerungen an ein früheres Dasein wecken, die das gegenwärtige Leben des oder der Betreffenden durchgreifend verändern können. Um so wichtiger ist es, durch fortgesetzte Studien und Übungen das Verständnis solcher Phänomene zu vertiefen. Individuelle Reinkarnationserfahrungen sind wertvoll und erhellend, aber den größten Nutzen ziehen wir, wenn wir über sie zu einer Gesamtschau unseres historischen Werdegangs gelangen und den weiteren Weg unserer Seele vorhersehen.

Bibliographie

Religion, Philosophie und Mythologie

Ballou, Robert O. (Hrsg.): *The Bible of the World*. London: Kegan Paul Trench Trubner 1940.

Campbell, Joseph: *Die Kraft der Mythen. Bilder der Seele im Leben des Menschen*. Düsseldorf: Artemis 1992.

Eliade, Mircea: *From Primitives to Zen*. London: Collins 1967.

ders.: *Das Heilige und das Profane. Vom Wesen des Religiösen*. Frankfurt/M.: Suhrkamp 1990.

Evans-Wentz, W. Y. (Hrsg.) *Das Tibetanische Totenbuch*. Nach der englischen Fassung des Lama Kazi Dawa Samdup. Olten, Freiburg im Breisgau: Walter 1971. (Evans-Wentz (Ed.): *The Tibetan Book of the Dead*. Kommentiert von C. G. Jung. London: Oxford University Press 1960.)

Fabricius, Johannes: *Alchemy*. Kopenhagen: Rosenkilde & Bagger 1976.

Fodor, Nandor: *Freud, Jung and Occultism*. New York: University Books 1971.

Frazer, Sir James G.: *Der goldene Zweig. Das Geheimnis von Glauben und Sitten der Völker*. Reinbek: Rowohlt 1989.

Hick, John: *Death and Eternal Life*. London: Collins 1976.

Hoeller, Stephan A.: *Der gnostische Jung und die Sieben Reden an die Toten*. Calw 1972.

Jocelyn, Beredene: *Citizens of the Cosmos*. New York: Continuum 1981.

Jordan, Michael: *Myths of the World*. London: Kyle Cathie 1993.

Jung, Carl Gustav: *Studien über alchemistische Vorstellungen*. Gesamtausgabe Bd. 13. Olten: Walter 1978.

ders.: *Psychologie und Alchemie*. Gesamtausgabe Bd. 12. Olten: Walter 1972.

ders.: »Septem Sermones ad Mortuos. Die sieben Belehrungen der Toten«, in: Jaffé, Aniela: *Erinnerungen, Träume und Gedanken von C.G. Jung*. Freiburg/Brsg. 1987.

Jung, Emma und Marie Louise von Franz: *Die Gralslegende in psychologischer Sicht*. Olten, Freiburg/Brsg.: Walter 1987.

Mann, AT/Lyle, Jane: *Mystische Sexualität*. Wettswil: Edition Astrodata 1996.

Mead, G. R. S.: *Orpheus*. London: John M. Watkins 1965.
Pagels, Elaine: *The Gnostic Gospel*. London: Penguin 1979.
Robinson, James M.: *The Nag Hammadi Library in English*. Leiden: E. J. Brill 1977.
Róheim, Géza: *Animism, Magic and the Divine King*. London: Routledge & Kegan Paul 1930.
Schwaller de Lubicz, Isha: *The Opening of the Way*. New York: Inner Traditions 1979.
Schwaller de Lubicz, R. A.: *Sacred Science*. New York: Inner Traditions 1982.
ders.: *Symbol and Symbolic*. Brookline: Autumn Press 1978.
ders.: *The Temple in Man*. Brookline: Autumn Press 1977.
Sogyal Rinpoche: *Das tibetische Buch vom Leben und vom Sterben*. München: Scherz 1993.
Walker, Barbara G.: *Das geheime Wissen der Frauen*. Frankfurt/M.: Zweitausendeins 1993.
Warner, Rex (Hrsg.): *Encyclopaedia of World Mythology*. London: BPC Publishing 1975.
West, John Anthony: *Serpent in the Sky*. New York: Harper & Row 1979.
ders.: *The Travelers's Key to Ancient Egypt*. New York: Alfred A. Knopf 1985.
Zimmer, Heinrich: *Indische Mythen und Symbole*. München: Diederichs 1993.
ders.: *Philosophie und Religion Indiens*. Frankfurt: Suhrkamp 1976. (Zimmer: *Philosophies of India*. New York: Meridian Books 1956.)

Astrologie, Magie und Metaphysik

Bauval, Robert/Gilbert, Adrian: *Das Geheimnis des Orion*. München: List 1994. (Bauval/Gilbert: *The Orion Mystery*. London: William Heinemann 1994)
Collin, Rodney: *The Theory of Celestial Influence*. London: William Heinemann 1994.

Astrologie

Cornelius, Geoffrey: *The Moment of Astrology*. London: Arkana 1995.
Crowley, Aleister: *Magick*. Bergen: Kersken-Canbaz 1988.
Kampherbeek, Jan. *Cirkels*. Amsterdam: Uitgeverij Schors 1980.

Leo, Alan: *Esoterische Astrologie*. Bad Oldesloe: Verlag Hier und Jetzt 1989. (Leo: *Esoteric Astrology*. New York: Astrologers Library 1913.)

LeShan, Lawrence: *Alternate Realities*. New York: Ballantine 1976.

Mann AT: *Lebens-Zeit Astrologie*. Basel 1987.

Rodden, Lois: *The American Book of Charts*. San Diego: ACS 1980.

Schulman, Martin: *Karmische Astrologie*. Neuhausen am Rheinfall: Urania 1987. (Schulman: *Karmic Astrology. Retrogrades and Reincarnation*. New York: Samuel Weiser 1977.)

Reinkarnation

Collin, Rodney: *Vom Ewigen Leben. Die Erneuerung des universalen Bewußtseins*. Seehaupt: Ryvellus Manfred Dopfer 1984. (Collin: *The Theory of Eternal Life*. London: Watkins 1974.)

Currie, Ian: *Niemand stirbt für alle Zeit*. München: Goldmann Esoterik 1993. (Currie: *You Cannot Die*. Shaftesbury: Element 1994.)

Fisher, Joe: *The Case for Reincarnation*. Mit einem Vorwort des Dalai Lama. New York: Bantam 1984.

Langley, Noel: *Edgar Cayce on Reincarnation*. New York: Warner 1967.

Mann, AT: *The Divine Plot: Astrology and Reincarnation*. Shaftesbury: Element 1991.

Ravenscroft, Trevor: *Die heilige Lanze. Die Geschichte des Speers von Golgatha*. München: Universitas Verlag 1996.

Steiner, Rudolf: *Der irdische und der kosmische Mensch*. Neun Vorträge, 1911. Gesamtausgabe Bd. 133. Dornach: Rudolf Steiner Verlag 1989.

ders.: *Die Offenbarungen des Karma*. Elf Vorträge, 1910. Dornach: Rudolf Steiner Verlag 1975.

ders.: *Geistige Hierarchien und ihre Widerspiegelung in der physischen Welt*. Zehn Vorträge, 1909. Gesamtausgabe Bd. 110. Dornach: Verlag der Rudolf Steiner-Nachlaßverwaltung 1960.

Talbot, Michael: *Your Past Lives*. New York: Ballantine 1987.

Wachsmuth, Guenther: *Die Reinkarnation des Menschen als Phänomen der Metamorphose*. Dornach: Naturwissenschaftliche Sektion am Goetheanum 1935.

Wambach, Helena: *Reliving Past Lives. The Evidence Under Hypnosis*. New York: Harper & Row 1978.

Register

Dieses Buch, einschließlich Vorsatzpapier
und Einband, wurde auf Recyclingpapier gedruckt,
das zu 100% aus Altpapier besteht. Das Kapitalband
und das Leseband wurden aus ungefärbter und
ungebleichter Baumwolle gefertigt.